KB125301

로봇은 교사를 대체할 것인가?

Should Robots Replace Teachers?

로봇은 교사를 대체할 것인가?

Should Robots Replace Teachers?

인공지능과 교육의 미래

AI and the Future of Education

닐 셀윈 지음
정바울, 박다빈, 박민혜, 정소영 옮김

ᐤᑕ에듀니티

수업의 디지털 자동화는 향후 20년을 결정지을 수 있는 가장 도전적인 교육적 과제가 될 것이다. 실제 교실에 인간을 닮은 로봇을 가져오는 것은 교육적 추세라기보다는 보여주기식 교육이 될 가능성이 있다. 다양한 형태의 디지털 자동화는 전 세계의 학교와 대학들에서 이미 활용되고 있다. 교사가 그 자체로 피지컬 로봇에 의해 대체되지는 않아도, 교사들은 점점 더 많은 교수·학습용 소프트웨어, 앱, 플랫폼과 다른 여러 형태의 인공지능(artificial intelligence, 이하 AI) 등에 둘러싸여 있다.

대다수의 교사들은 여전히 당장 '지능형 시스템'에 의해 밀려나지는 않을 것이라고 확신한다. 그러나 모든 학교급에서 교사들은 이미 이와 같은 테크놀로지와 함께 일하게 될 것이라는 전망에 직면하고 있다. 따라서 가까운 미래에 교사들이 어느 정도로 기계에 의해 대체될 것인지를 살펴보는 것은 가치가 있는 일이다. 조만간 인간 교사의 수업이 무의미해질 것인가? 자동화된 시스템은 보다 새롭고 더 의미 있는 방식으로 교사들을 자유롭게 할 것인가? 오히려 교사들은 점점 더 기계처럼 일하게 될 것을 강요받을 것인가?

이런 질문들은 이제 더는 쓸모없거나 말이 안 되는 질문들이 아니다. 유아기의 단어 습득에서부터 내과 전문의의 수술 연마까지 강력한 테크놀로지들이 다양한 학습 유형을 지원하도록 설계되어 이미 활용되고 있다. 다양한 투자자, 개발자, 자칭 교육기업가들이 전통적 교육 체제를 교란시키고 이 과정에서 어마어마한 수익을 벌어들이면서 수 천억에 이르는 '에듀테크Edutech' 시장은 점점 더 커지고 있다. 학습자들이 어떻게 학습하는가(이와 함께, 학습자들은 어떻게 학습할 수 있도록 지원받아야 하는가)라는 질문과 함께 교육은 파괴적 혁신과 개혁이 필요한 영역이라고 광범위하게 공감되고 있는 현실이다. 오랫동안 유지되어 온 교사와 교수들의 지위는 이제 명백히 위협받고 있다.

과장 섞인 묘사라고 해도 이러한 국면이 갖는 시사점과 폭넓은 파급효과에 대해 신중하고 사려 깊은 태도를 갖는 것은 중요하다. 이미 현실화된 다양한 형태의 수업 자동화 테크놀로지들을 단순히 찬양하는 책을 쓰는 것은 아무 의미가 없다. 테크놀로지들은 면밀한 검증과 검토를 위한 도전대에 올려져야 한다. 하지만 눈앞에 임박한 교육의 자동화를 비판하는 것은 쉬운 일이 아니다. 미래에 대한 논의가 본질적으로 추측성을 띠게 되는 문제이기 때문만은 아니다. 많은 이유에서, 이 책은 우리가 미래 교육에 궁극적으로 기대하는 바가 무엇인지에 주목한다. 즉, 우리가 어린이와 청소년들에게 꼭 가르쳐야 할 가치가 무엇인지, 고등교육에 부여하는 목적은 무엇인지, 직업교육에서의 우선순위 등에 대해 다룬다. 이런 문제들은 명백히 기술적인 차원의 문제라고 할 수 없다. 우리는 수업 설계와 기술적 효율성뿐만 아니라 디지털 자동화의 정치학에 대해 본격적으로 살펴보고 논의할 필요가 있다.

이러한 큰 그림은 이 책의 제목에서 잘 반영하고 있다. 이 책의 제목은 '로봇은 교사를 대체할 수 있을 것인가?(Can Robots Replace Teachers?)'일 수도 있었다. 하지만, 별로 오래 고민할 필요도 없이 이 질문에 대한 답은 확실하게 '예'라는 것을 알 수 있다. 다음 다섯 장에 걸쳐 상세히 다루겠지만, 이미 다양한 장면의 수업을 충분히 감당할 수 있는 장치, 시스템, 애플리케이션들은 지금도 넘쳐난다. 역시 신속한 대답을 예상할 수 있는 이 책의 다른 대안적 제목은 '로봇은 교사를 대체하게 될 것인가?(Will Robots Replace Teachers?)'이다. 역시, 이 질문에 대한 대답은 '아마도… 만약 그렇게 되도록 내버려 둔다면?'이 될 것이다. 이미 수업의 특정 형태(예를 들면, 출석 체크나 숙제 채점)들에 대해서는 더 이상 인간 교사를 필요로 하지 않으려는 강력한 요구들이 존재한다. 가장 적절한 질문은 '로봇은 교사를 대체해야 하는가?(Should Robots

Replace Teachers?)'이다.♦ 강력한 디지털 테크놀로지를 교육 장면의 주류로 편입하는 것을 목도하는 상황에서, 우리는 앞으로 상황이 어떻게 전개되기를 기대해야 할까?

이 책의 제목을 '할 수 있을까(could)'에서 '해야 하는가 (should)'의 문제로 규정한 것은 이 책의 논의가 가치, 판단, 그리고 정치학의 영역에 위치할 것을 시사한다. 이는 어떠한 테크놀로지라도 그것을 사회에 통합하는 것은 언제나 선택의 문제로 접근하여야 한다는 것을 상기시켜 준다. 자동화된 수업 테크놀로지를 설계하고, 개발하여, 실용화하는 것이 반드시 사전에 결정된대로 일관성있는 결과를 산출한다는 것을 보장하지 않는다. 기술적 변화를 둘러싼 많은 역사들은 이와는 다르게 테크놀로지를 활용하는 상이한 사회적 맥락에 영향을 받으며 오히려 비선형적이고 맥락 의존적인 형태를 띠었음을 잘 보여준다.

테크놀로지가 사회에서 전개되는 양상은 결코 완벽하게 예측하거나 이해할 수 있는 것과는 거리가 멀다. 불확실성은 새로운 테크놀로지의 가능성을 흥미진진하게 하지만 위험하게도 한다. 따라서 교육을 위한 대안적 기술 경로와 다른 디지털 미래의 가능성을 고려하는 것은 중요하다.

♦ 역자주: 번역 과정에서 책 제목을 원서의 의미를 크게 손상시키지 않으면서, 우리말로도 어색하지 않은 '로봇은 교사를 대체할 것인가?'로 고민 끝에 결정하였다.

그러므로 로봇이 교육을 점령할 것 인가라는 표제는 허황된 논제처럼 보일 수 있지만, 여기에는 우리가 곰곰이 살펴봐야 할 중요하고 심각한 쟁점들이 있다. 수업의 디지털 자동화는 단순히 어떻게 수업을 설계하고, 이를 프로그래밍하여 체계적으로 실행할 것인가의 기술적 차원의 문제가 아니다. 오히려 사회적이면서 동시에 교육의 본질적 과정과 차원에 대한 인간 고유의 문제라고 할 수 있다. 이러한 질문들은 교육의 사회학, 심리학에 대한 것이고 동시에 관계, 감정, 그리고 교육 정치학과 교육 문화에 대한 것이다. 주디 와이즈먼Judy Wajcman은 사회학적 상상력을 갖춘 이들이나 인문학자가 AI를 중심으로 대화를 형성하는데 관여하고 '지평선에 고정된 시선, 변화의 바람에 대한 경고'에 주도적인 역할을 하는 것이 중요하다고 주장했다.

테크놀로지와 사회에 대한 논의들이 그렇듯이, 언제나 이러한 질문들엔 쉬운 답이 없다. 이 책은 가늠할 수 없을 만큼 정교해 보이는 도구와 기법들, 그 이면의 거시적 문제들을 조명한다. 이 책의 주된 목적은 독자들로 하여금 무엇을 생각해야 할지 바로 안내하기보다는 오히려 디지털 시대 미래 교육의 본질에 대한 대화의 지평을 확장시키는 것이다. 이어지는 각 장에서는 과도한 교육의 디지털 자동화를 지연시키고 이에 저항하려는 다양한 논쟁들이 등장할 것이다. 하지만 이러한 논쟁들은 어디까지나 나의 개인적 관점이 반영된 것이다. 궁극적으로 그 누구도 세상일이 어떻게 전개될지 완벽하게 확신할 수는 없으니까 말이다. 그러므로 이 책에서 주장하는 모든 것을 반박할 수 없거나 피할 수 없는 사실로 받아들이지 않는 것이 중요하다. 아무리 상세하고 또 충분한 정보를 제공하더라도, 미래 테크놀로지에 대한 논쟁은 어쩔 수 없이 일정 부분 추측과 상상을 포함하기 마련이다. 우리가 비록 미래를 정확히 예측할 수 없다 해도, 적어도 미래에 무엇이 전개되기를 선호하는지는 명확히 할 필요가 있다. 이제 결정할 준비를 하기 바란다.

가히 인공지능과 로봇의 시대이다. 교육도 예외일 수 없다. 고위 관료들과 정책결정자들은 서로 앞 다투어 인공지능 튜터, 교육용 로봇을 도입하여 맞춤형, 개별화 교육의 이상을 구현할 공교육의 파괴적인 '대전환'을 역설한다. 판교 테크노 밸리의 개발자들과 에듀테크 비즈니스 기업가들은 수년 내에 인공지능과 로봇이 교육의 '게임 체인저game changer'가 될 것이라고 확신한다. 이 지점에서 정책결정자들과 개발자들 그리고 에듀테크 자본의 욕망과 이해가 빠르게 교차, 수렴된다.

교실에서도 인공지능의 존재감은 빠르게 가시화되고 있다. 교육용 애플리케이션, 학습 플랫폼에 포위된 교사들의 현실은 이를 잘 형상화해 준다. 교사들의 지위는 명백히 위협받고 있다.

한편 인공지능의 전면 등장이 임박한 상황에도 불구하고 정작 학교 현장은 신기하리만큼 평화롭고 고요하다. 대다수 교사들은 여전히 당장 그들이 '아직은 충분하지 않은' 인공지능과 로봇에 의해 그리 쉽게 밀려나지는 않을 것이라고 자신하는 편이다.

　MIT대학의 셰리 터클Sherry Turkle(2018)은 그녀의 저서인 『대화를 잃어버린 사람들(Reclaiming Conversation)』에서 인공지능과 로봇의 시대가 도래했다는 것은 역설적이게도 완벽한 인공지능과 로봇이 등장했기 때문이 아니라 인공지능과 로봇에는 더 바라고, 인간에게는 덜 바라는 새로운 균형점이 만들어졌기 때문이라는 섬뜩하고 예리한 통찰을 던져주었다. 인공지능과 로봇에게는 기꺼이 더 자리를 내어주고, 인간 교사에게는 물러나라고 요구하는 새로운 균형점이나.

　이 책의 저자 셀윈은 이와 같은 인공지능과 로봇의 시대의 도래에 갈팡질팡하고 있는 교육자들에게 단비와도 같고 또 죽비와도 같은 유용하면서도 도발적인 메시지를 전해준다. 셀윈은 인공지능과 로봇으로 인한 교육의 급진적인 변화 국면에서 교육자들이 적극적이고 선제적으로 자신들을 포함한 교육의 운명을 결정할 준비를 할 것을 촉구한다. 습관적으로 뒷전에 선 채 수동적으로 관망하거나, 혹은 자신들의 능력을 자만하여 적절한 대응의 시점을 놓치고 그저 기다리다 최악을 상황을 맞아 투항하는 것은 엄청난 희생을 동반하는 파국을 맞게 할 뿐이라고 경고한다.

　한편, 눈앞에 임박해 있는 인공지능과 로봇 테크놀로지의 진격, 그리고 그 믿을 수 없이 정교해 보이고 현란한 기술의 위세에 눌려 찬양과 옹호 일색인 '참을 수 없이' 가볍고 또 가식적인 주장과 담론 속에 깊숙하게 은폐되어 있는 인공지능과 로봇 담론의 미시적 민낯과 거시적 차원의 정치적, 경제적 문제를 셀윈은 주위를 둘러싼 지지자들과 옹호자들의 냉랭한 시선과 싸늘한 반응에 아랑곳하지 않고 낱낱이 폭로한다.

셀윈은 이러한 역할 수행의 적임자다. 그는 지난 25년간 영국과 호주에서 교육과 테크놀로지를 연구해 온 세계적인 석학으로 현재 호주 모나쉬Monash 대학의 석좌 교수이다. 그는 교육과 테크놀로지를 연구해 온 학자로서는 보기 드물게 기술과 교수-학습에 편중된 기능주의적이고 기술만능주의 일변도의 관점에서 탈피하여 교육과 테크놀로지 사이의 관계를 정치학, 사회학, 인문학, 철학적 관점을 적용하여 연구의 지평과 스펙트럼을 널리 확장시켜 온 학문적 프론티어이자 아방가르드이면서도 철저히 교육과 교직에 닻을 내린 연구를 수행해 왔다.

옥스퍼드 대학의 주디 와이즈먼Judy Wajcman은 미래를 창조함에 있어 시선은 지평선에 고정한 채 변화의 바람에 민감하게 대처하기 위해서, 특히 인공지능과 로봇의 출현과 교육의 새로운 지형에 대해 전망하기 위해서는 기술 공학자나 개발자보다 오히려 인문학이나 사회학적 상상력을 갖춘 이들이 주도적인 역할을 맡아야 한다고 주장했다. 셀윈이야 말로 이러한 소양을 갖춘 화신化身과도 같은 학자라고 해도 과언이 아닐 것이다.

셀윈과 같은 성찰적이고 비판적인 학자의 존재가 특히 아쉬운 곳이 우리나라의 학문 풍토이다. 특히 인공지능과 로봇에 대한 관심과 기대가 교육 영역으로 과도하게 몰리고 있는 상황에서는 더욱 그러하다고 하겠다. 셀윈은 본서에서 핵심적으로 인공지능과 로봇으로 인한 교육의 자동화를 지연시키고, 이에 저항하기 위한 다양한 논쟁을 촉발한다. 이렇게 시작하는 대화와 성찰이야말로 인공지능과 교육의 미래를 결정하게 될 것이다.

이 책은 다섯 개의 장으로 이루어져 있다. 1장에서는 로봇공학과 인공지능 전반에 대해 소개한다. 2장에서는 인공지능의 분신이자 실체라고 할 수 있는 피지컬 로봇에 대해 다룬다. 3장에서는 최근 부상하고 있는 지능형 인공지능 튜터링과 인공지능 비서에 대해 살펴본다. 4장에서는 인공지능과 로봇 기술 그 이면의 노동, 불평등과 같은 정치학, 사회학적 측면에 대해 조명해 본다. 마지막 5장에서는 인공지능과로봇, 그리고 교육의 미래 전망에 대해 몇 가지 가능한 시나리오로 재구성하여 다뤄 본다. 본서의 내용은 각 장마다 독립적인 형태로 구성되어 있어 예를 들어 교실 로봇에 관심이 있는 독자는 처음부터 다 읽을 필요 없이 2장부터 읽어도 무방하다. 마찬가지로 지능형 튜터링에 관심이 있다면 바로 3장부터 읽으면 된다. 각 장 말미에는 원문과는 달리 흥미로운 토론 주제들을 추가하였다. 본서를 대학 수업이나 현직 교사들의 연수 교재로 유용하게 사용할 수 있을 것이다.

이 책은 많은 이의 노력과 도움으로 오랜 산고 끝에 세상에 나왔다. 나와 현장 교사들이기도 한 공역자들이 번역 초안본을 완성한 것은 1년 전이었다. 그 후로 10회에 걸쳐 새로운 버전의 번역원고를 만들면서 최대한 원문에 충실하면서도 저자의 의도가 우리나라 현장 교사들에게 전달될 수 있도록 애썼다. 공역자들이 학교 현장에서 고군분투하는 가운데 성실히 작업했지만 나의 게으름으로 일정이 늦어졌다. 그 와중에도 거듭된 까다롭고 성가신 나의 윤문과 수정 요청에 지쳤을 법도 한데 묵묵히 끝까지 작업을 잘 마무리해준 공역자들에게 경의를 표한다. 또한 2020년 겨울, 이 책을 번역하겠다고 했을 때 어려운 여건에도 불구하고 여러 말하지 않고 흔쾌히 저자를 믿고 출간을 허락해주시고 아낌없는 지원을 보내주신 에듀니티에 감사의 마음을 전한다.

아무쪼록 본서가 인공지능과 로봇 시대에 우리나라 교육이 올바른 방향으로 갈 수 있도록 현장 교사, 연구자, 정책결정자들에게 새로운 문제를 제기하고, 뜨거운 논쟁과 대화를 촉발하며, 인공지능, 로봇과 함께 할 새로운 교육 지형을 항해하는 데 유용한 네비게이션이 되기를 간절히 바란다.

2022년 6월 30일
번역자들을 대표하여
우면산에서 정바울 씀

교실에서 피지컬 로봇과 관련된 문제를 이해하는 데 도움을 준 소피아 서홀트Sofia Serholt에게 감사드립니다. 로봇과 AI 관련 문제에 관심을 갖도록 초기에 노력한 셀레나 네모린Selena Nemorin에게도 감사드립니다. 컴퓨터 과학과 AI, 기계 학습 및 데이터 과학의 세부 사항에 대해 대화를 나눈 드래곤 가세비에Dragan Gasevié와 카를로 페로타Carlo Perrotta에게 감사드립니다. AIED(AI in education) 커뮤니티의 독자에는 폴리티 프레스Polity Press에서 모집한 익명의 독자 두 명이 있습니다. 그들은 본 책 내용에 완전히 동의하지는 않지만 관대한 마음으로 유용한 논평을 제공해주었습니다. 교사와 교육에 관한 문제를 이해하는 데 도움을 준 모나쉬대학Monash 교육학과의 동료들에게도 감사드립니다. 여기에는 파울 리차드슨Paul Richardson과 제니퍼 블레이즈비Jennifer Blazby가 있습니다. 또한 처음에 제목을 발표하고 이후 편집 지원에 대해 폴리티Polity의 매리 사비가Mary Savigar와 엘런 맥도날드-크래머Ellen MacDonald-Kramer에게 감사드립니다. 원고를 편집해주신 팀 크라크Tim Clark에게도 감사드립니다.

"이 책은 가늠할 수 없을 만큼 정교해 보이는 도구와 기법들, 그 이면의 거시적 문제들을 조명한다."

차례

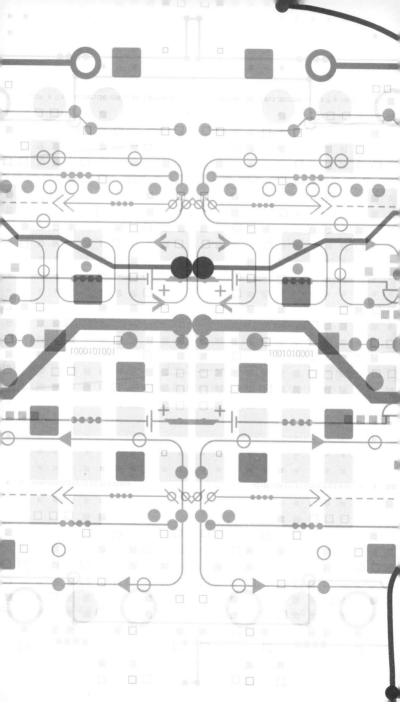

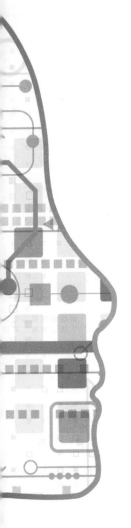

1장 로봇 공학과 교육용 인공지능

"If we teach today's students as we taught yesterday's,
we rob them of tomorrow."

"어제 가르친 것처럼 오늘의 학생들을 가르치는 것은 그들의 내일을
빼앗는 것이다."

– John Dewey존 듀이

'로봇이 온다!' 사실 로봇은 오래전부터 등장했다. 지난 60년 동안 로비Robbie(영화 금단의 행성에 등장한 가상의 캐릭터), 할HAL(스페이스 오디세이에 나오는 가상의 인공지능 컴퓨터), 알투디투R2-D2(스타워즈 속 가상인물) 및 월-이Wall-E는 대중문화의 주류로 자리 잡았으며, '실제 생활'에서 여러 로봇 사례들은 정기적으로 헤드라인 뉴스를 장식하고 있다.

사람들은 여전히 체스 그랜드마스터인 개리 카스파로프Garry Kasparov가 1997년 IBM의 딥 블루Deep Blue에게 패배한 것을 기억하고 있으며, 핸슨 로보틱스Hanson Robotics의 소피아Sophia는 2016년에 국가 시민권을 부여받은 최초의 휴머노이드 로봇으로 유명세를 얻었다. 이제 사람들은 확실히 로봇에 주목한다. 인간의 의미에 대한 강한 의문과 존재에 대한 탐구를 유발하는 것처럼 보이는 이 기계에는 무언가가 있다.

뉴스 보도와 공상 과학 소설의 일반적인 특징을 넘어 로봇의 중요성은 변화하는 현대사회 특성과 관련이 있다. 다양한 직업이 첨단 자동화와 함께 변화에 직면해 있다. 회로 기판 제조, 지하 채굴, 과일 따기와 같은 산업은 이제 자동화되고 기계화된 로봇에 의존하고 있다. 다른 곳에서는 지능형 시스템이 곧 인간 의사, 변호사 및 회계사를 대체할 것으로 예상하고 있다. 고도 기술의 자동화는 많은 일들과 고용 부문에서 진정한 대안으로 여겨진다.

이러한 경향의 주목할 만한 예외는 교육이다. 컴퓨터 튜터와 '로봇 교사'의 출현에도 불구하고 교육은 인간의 전유물로 남아있는 영역 중 하나로 여겨진다. 대부분의 사람들은 교육이 본질적으로 인간의 일이라고 느낀다. 교육 전문가들은 교육을 학습 지식이 풍부한 타인과의 상호작용에 의존하는 사회적 과정이라 생각한다. 요컨대, 학습은 사회적으로 풍부한 환경에서 전문 인간 교사에 의해 가장 잘 이루어질 수 있다고 믿는다.

이 생각은 공교육과 대학의 지속적인 영향력에 의해 확실하게 강화되었다. 그러나 지난 20년 동안 로봇 및 기계 학습과 같은 AI 영역에서 상당한 기술 발전이 있었다. 기술은 점점 더 상호작용적이며 인간의 능력을 훨씬 능가하는 속도와 규모로 작동할 수 있다. 이는 20명이 넘는 학생을 지도하는 교사의 '획일적인' 방식을 재고하라는 외부의 요구를 부채질하기 시작했다. 이제 인간 교사의 개입이 필요없는 우수한 형태의 교육을 AI 기술이 지원할 수 있다고 주장한다. 이를 감안할 때 우리는 로봇 공학, AI 및 교과 작업의 디지털 자동화의 의미를 진지하게 고려해야 한다.

로봇과 인공지능

먼저 몇 가지 기본적인 용어를 정의할 필요가 있다. '교사'를 대체하는 '로봇'의 문제를 뒷받침하는 개념과 아이디어는 무엇인가? 이러한 논의의 기술적 측면에서는 R2-D2 또는 Wall-E를 가장한 로봇을 상상해보자. '피지컬 로봇'을 교육에 사용하고 있으며 이는 많은 흥미로운 문제를 제기한다 (이에 대해서는 2장에서 자세히 다룰 것이다). 그러나 로봇 공학은 AI의 적용과 관련된 여러 분야 중 하나일 뿐이다. 우리의 주된 관심은 AI의 광범위한 분야와 기계 학습 및 빅데이터의 발전과 관련이 깊다.

AI 분야는 컴퓨터 과학자들이 지능적으로 생각할 수 있는 기계를 개발하는 데 관심을 갖게 되면서 1950년대에 등장했다. 2010년대까지 AI 작업은 주로 컴퓨팅 기술에 '사고와 유사한' 기능을 추가하는 문제에 중점을 두었다. 여기에는 결정을 내리는 데 필요한 전문지식 기반, 추론 및 논리를 컴퓨터에 제공하는 여러 가지 요소를 포함한다. 이 작업은 한 가지 중요한 측면은 기계 학습의 개념을 기반으로 한다. 정보에 입각한 결정을 내리고 작업을 수행하는 방법을 배우기 위해 '대량 데이터를 구문 분석하도록 훈련시킨 알고리즘 프로세스'이다. 에이드리언 맥켄지[Adrian Mackenzie]는 이 프로세스가 데이터를 사용하여 계산 가능성, 예측 가능성 및 실제 현상에 대한 제어를 제공한다고 설명한다.[1] 최근까지 이러한 형태의 기계 학습은 상대적으로 특정 작업에 초점을 맞추는 경향이 있었으며, 모든 AI 시스템은 프로그래머를 통해 올바르게 교정되었다. 그러나 2010년대에는 기계 학습이 '딥러닝'이라고 하는 더 강력한 모습을 보여주었다.

최근에는 교육과 같은 사회 영역을 근본적으로 변화시킬 잠재력을 가진 AI 형태를 개발하는 열쇠로 딥러닝에 대한 관심이 높다. 인공 신경망 이론은 딥러닝 기술의 핵심 특징 중 하나이다. 이것은 생물학적 뇌의 복잡한 층 구조를 모델로 한 네트워크이다. 딥러닝은 인공 신경망의 계층을 통해 지속해서 분해 및 재조립되는 훈련 데이터셋data sets을 포함할 수 있다. 각 네트워크 노드node는 특정 데이터 포인트에 지속적으로 다른 가중치를 할당한다. 결정적으로, 딥러닝 시스템은 정확한 결론에 도달할 수가 있을 때까지 알고리즘의 정확성을 개선하기 위해 자체적으로 훈련할 수 있다. 일부 논평가들은 신경망의 작동 원리를 사용하여 자율적으로 학습할 수 있는 능력을 '일반화된 지능'의 '성배(the holy grail)'라고 본다. 즉, 강력한 수준의 '인간과 유사한' 추론 및 언어 능력을 의미한다.[2]

2012년 앤드류 응Andrew Ng이 이끄는 구글Google 엔지니어 팀이 딥러닝의 초기 개념 증명을 위해 천만 개의 유튜브YouTube 동영상 데이터로 거대한 신경망을 훈련시켰다. 이 획기적인 발전은 그래픽 처리 장치 비용 절감, 클라우드 컴퓨팅의 방대한 스토리지 용량, 대용량 데이터셋의 가용성 증가라는 세 가지 기술 발전을 활용했다. 특히 2010년대 초는 디지털 센서, 소셜 미디어 및 기타 일반적인 기술을 통해 매 시간 테라바이트terabyte의 디지털 콘텐츠가 생성되는 '빅데이터'의 전환점을 기록했다. 이 많은 양의 사용 가능한 데이터는 기계 학습의 잠재력을 변화시킨 것으로 보인다. 앤드류 응Andrew Ng은 그 이후 다음과 같이 생각했다. "딥러닝을 비유하자면 로켓 엔진이 딥러닝 모델이고 연료는 이러한 알고리즘에 제공할 수가 있는 엄청난 양의 데이터라는 것이다."[3]

이러한 프로세스는 다양한 유형의 AI 애플리케이션 application을 뒷받침한다. 예를 들어, 기계학습은 자율 주행 트랙터 및 자율 드론 무기의 작동을 뒷받침하는 이미지 처리 기능의 핵심 요소이다. 또한 빅데이터 처리를 통해 범죄 위험이 높은 사람과 장소를 파악하고(소위 '예측 치안'), 인구 전체의 게놈 데이터를 분석하여 맞춤형 의료 형태를 구성한다(소위 '정밀 의학'). 이 발전의 대부분은 디지털화된 데이터 유형의 확장이 주도한다. 예를 들어, '감정 컴퓨팅(affective computing)'이라는 새로운 분야는 얼굴 감지, 신체 제스처, 전기 피부 반응 및 기타 생리학적 측정과 관련된 다양한 데이터에서 인간의 감정을 감지하고 인식하려고 한다. 다시 말해 이제는 측정할 수 없으면 개선할 수 없다는 믿음이 커지고 있다.

그럼에도 불구하고, 애플리케이션의 빠른 처리 기술은 논쟁의 여지가 있다. 'AI를 통해 더 나은 삶을 산다'는 낙관적인 선언마다 부정확성, 잘못된 인식, 잘못된 의사결정에 대한 우려가 있다. 빅데이터와 기계학습에 대한 과대광고가 커지면서 AI 시스템이 프로그래밍된 로직과 훈련받은 데이터 이상으로 우수하다는 사실이 과장되고 있다. 컴퓨터 시각 처리가 양(sheep)과 풀(grass)을 구분하지 못하는 사례는 관련 개발자들에게 당연히 당혹스러운 일이지만, 아프리카계 미국인 얼굴을 인간으로 인식하지 못하는 AI 응용 프로그램의 실패는 분명히 불공정한 부분이다.[4] 이미지 오인식은 고양이를 개로 착각하게 하거나 아프가니스탄 결혼 파티를 군용 호송차로 착각하게 만들 수 있다.[5] 알고리즘 분류는 이미 부당한 형사 처벌과 사회복지자금 지급에서 불공정한 판단을 만들었고, AI는 빠르게 사회적 결과와 연관된 컴퓨터 과학의 영역이 되었다.

많은 AI 개발자와 공급업체들은 이러한 단점들을 인정하면서도 결국 극복할 수 있는 사소한 초기의 문제들로 보고 있다. 시간이 지나면서 사용 증가에 따라 더욱 정확하고 효율적으로 시스템을 설계한다. 결과적으로, AI의 지지자들은 전례 없는 규모의 장기 변화 가능성을 고려하면 몇몇 단기적 한계는 불가피한 것으로 여긴다. 일부 논평가들은 수백만 개의 데이터 소스sources로부터 데이터를 지속적으로 공급받아 작업하는 수십억 개의 연결된 프로세서가 포함된 '막대한 힘을 가진 행성 컴퓨터(planetary computer)'◆의 개발을 예상한다.[6] 또 다른 이들은 AI가 갑자기 인간의 지능을 능가하고 새로운 진화 단계를 촉진하는 '기술적 특이점'의 잠재적 실현을 전망한다. 그 시나리오들은 생명을 위협하기보다는 인간의 삶을 향상 시키기를 바란다. 개리 카스파로프 Garry Kasparov가 '책임감 있는 로봇학(responsible robotics)'의 홍보대사를 맡으며 이렇게 주장했다. "새로운 형태의 AI는 새롭고 놀라운 방법으로 우리를 능가할 것이다. 그동안 인간은 사다리 위로 계속 올라갈 것이다. 우리는 AI로 대체되지 않고 있다. 우리는 더 나아가고 있다."[7]

교사와 수업

복잡한 AI 기술과 더불어, 우리는 이 책의 또 다른 주제인 '교사'의 다양한 특징도 염두할 필요가 있다. AI와 교육에 대한 대부분의 논의는 수업의 성격과 형태에 대한 성찰에 놀랍게도 별로 관심을 갖지 않는다. 사람들은 학교에서 배운 10년의 가르침이 무엇이고 교사들이 무엇을 하는지 대체로 잘 알지만, 어떤 부분에서는 의견이 갈리기도 한다. 가르치는 것은 AI만큼이나 복잡한 것이다. 이 책의 제목을 제대로 정의하려면 우리는 교사들이 하는 일이 정확히 무엇인지 알아야 한다.

기본적인 의미로 교사는 다른 사람들이 배울 수 있도록 지원하는 모든 사람, 즉 학생들이 지식과 기술을 습득하도

◆ 마이크로소프트에서 인공지능, 빅데이터, 기계학습, 클라우드 컴퓨팅 등 디지털 기술을 활용하여 전 세계의 환경 데이터를 수집하겠다고 발표하였다.

록 돕는 사람이다. 존 듀이John Dewey는 누군가 배우지 않는다면 아무도 가르치는 사람이라고 주장할 수 없다고 말했다. 물론 학습이 완전히 추상적이거나 내용이 없는 것은 아니다. 그러므로 교사는 배우고 있는 것에 대해 일종의 전문적인 지식을 가지고 있다. 게다가, 교사들은 '교육학'에 대한 지식과 경험이 필요하다. 이는 어떻게 가르칠 것인가에 대한 전략, 기술, 이해 그리고 이론을 가리키는 넓은 용어이다. 한편, 한 분야의 전문가도 형편없는 교사로 판명될 수 있다. 이런 의미에서 교사는 '내용 지식'과 '교육학 지식'의 두 가지 측면을 결합한 사람이다.

위의 기준에 맞는 여러 가지 역할이 있다. 교수, 강사, 멘토, 가이드 모두 자신을 교사로 생각할 수 있다. 특히, 성인 교육 중 사업 및 산업 환경에서 교사는 강사 및 코치의 역할도 맡을 수 있다. 보통 교사들이 어떤 집단과 반을 책임지는 반면, 다른 교사들은 개인 지도 능력으로 학생들과 함께 일한다. 모든 역할에서 공통적인 것은 조직적인 설정이나 구조 안에서 (유치원이든 기업 연수원이든)학습 과정을 지원하는 일이다. 특정한 환경에 상관없이, 교사는 거의 항상 전문가 훈련과 전문적인 사회화 기간을 거치게 될 것이다. 교사는 매우 숙련되고 특권적인 역할이기에 단순히 스스로를 '교사'라고 지칭할 수는 없다.

우리 사회에서 교육의 중요성을 감안할 때 교사는 무엇을 해야 하는지에 대한 다양한 철학적 관점이 있다. 사람들은 여전히 대안적 관점으로 변증법적 질문을 통하여 학습자 스스로가 이해하고 고치도록 이끄는 소크라테스적 방법을 언급한다. 즉, 교사가 대화적 산파 역할을 하는 플라톤의 설명을 돌아보게 한다.[8] 물론, 고상한 고대 이상은 오늘날의 교사들이 수행하는 역할 및 작업과 상이하다. 교육은 일반적으로 세부적인 계획, 조직 및 관리를 포함한다. 기관 내에서 주도적인 역할과 마찬가지로 교사는 종종 상당한 양의 행정 및 관료적인 업무에 대한 책임이 있다. 아이러니하게도 학교 선생님들 및 대학 교수들은 실제로 가르치기보다 자신의 가르침에 대한 증거를 제시해야 한다는 요구 사항에 시간을 할애하는 경우가 많다.

가르침이 지나치게 낭만적으로 언급될 때마다 가르치는 일의 이러한 현실을 떠올려야 한다. 그러나, 이후의 논의를 통해 현실적으로 '좋은' 가르침으로 여겨지는 것이 무엇인지 아는 것은 중요하다. 여기서 교육과 AI 분야의 전문가들이 크게 갈리는 경향이 있다. 기술자들 사이에서 주목받는 교수법은 일대일 교사를 형상화한 이상적인 개별 교수법이다. 기술자들은 벤자민 블룸Benjamin Bloom이 보고한 '2 시그마Sigma' 현상을 좋아한다. 이 현상은 일대일 튜토리얼에서 배우는 학생들이 기존의 교실 수업을 받는 학생들보다 상당히 높은 수준의 수행 정도가 나타났음을 발견했다. 컴퓨터 과학자들은 아테네의 철학 교사와 중국 황제의 자녀들이 맞춤형 고전 교육을 받는 것에 대해 긍정적으로 이야기한다. 이와 반대로, 대부분의 다른 형태의 가르침은 열등한 것으로 간주하는 경향이 있다. 테리 세즈노스키Terry Sejnowski◆는 "개별 교육을 경제적으로 감당할 수 있는 사람은 많지 않으며 오늘날 대부분의 학교에서 볼 수 있는 공장 조립 라인 교실 시스템은 열악한 대안"이라고 말했다.[9]

한편, 많은 교육 전문가는 집합적이고 제도적으로 제공하는 교육에서 다양한 가치를 찾으려고 노력한다. 현대의 교사들이 소크라테스적 이상에 부응하기를 기대하는 것이 공상적이라는 사실을 인정하면서도 지난 100년 동안 무엇이 '좋은' 가르침을 만드는가에 대해 상당히 확고한 합의를 형성하였다. 가르치는 것이 단순히 '빈 그릇 채우기'로 특징지어질 수 있는 지식과 기술을 학생들에게 전달하는 과정이 아니라는 것이 널리 인식되고 있다. 훌륭한 교사는 학생들의 학습을 구조화하고 학생 스스로 새로운 지식과 연결하도록 돕기 위해 열심히 노력한다. 여기에는 학습자가 '스스로' 사물을 실험하고 탐색하고 발견하도록 허용하는 것을 포함하지만, 항상 교사의 근본적인 지원과 지지가 있어야 한다.

◆ 뇌과학 최고 권위를 자랑하는 솔크생물학연구소의 교수 겸 캘리포니아 샌디에이고 캠퍼스 교수이다. 인공지능 최고 학회인 NuerIPS 의장직을 맡고 있고, 딥러닝의 기술 초석이 된 볼츠만 머신 알고리즘을 제프리 힌튼과 함께 개발하였으며 Neural Network에 대한 다수의 논문을 발표하였다.

이런 관점은 데이빗 코헨David Cohen이 교사를 '인간을 개선시키는 직업(human improvement professions)'이라고 부르는 것을 반영한다.[10] '인간 개선(human improvement)'의 개념은 교육의 초점을 지식 습득뿐 아니라 인성 발달까지 포함하도록 확장한다. 20세기 초 철학자 존 듀이John Dewey는 교육을 민주적 공동체의 구성원으로서 필요한 배움의 '습관'을 배양하는 것으로 보았다. 80년이 지난 지금도 대부분의 교육자들은 여전히 위에서 논의한 광범위한 내용을 다루는 방식으로 일하기를 갈망하고 있다. 따라서 가르치는 것은 학습자의 머리와 마음과 영혼의 발달을 돕는 것을 포함하며, 이는 감당하기에 쉽지 않은 복잡한 작업이다.

인공지능과 교육: 커다란 기대와 복잡한 문제

듀이Dewey와 코헨Cohen은 교육의 복잡성과 교사가 되기를 열망하는 인간이나 기계의 큰 야망을 지적한다. 이는 만약 교육이 인간을 개선시키는 직업이라면 인간은 다른 인간을 개선시키는 데 가장 좋은 위치에 있는가? 하는 직접적인 질문을 제기한다. 분명히 몇몇 사람들은 교육이 항상 인간의 몫이라고는 확신하지 않는다. 실제로, AI 기반 기술들이 교사와 함께, 심지어는 교사를 대체할 수 있다는 목소리가 교육계 외부에서 높아지고 있다.

AI와 교육을 둘러싼 광고가 점점 늘어나고 있다. IBM,

구글^{Google} 같은 거대한 빅테크 기업과 피어슨^{Pearson} 메타콕 ^{Metacog}같은 교육 개발 전문 기관은 개발자들의 관심을 끌며 빠르게 성장하는 상업적 분야이다. 글로벌 교육 시장에서 AI 는 2018년 5억3천7백만 달러에서 2023년 36억8천3백만 달러로 성장할 것으로 추산된다.[11] 동시에, 대학 연구원들은 자폐증을 가진 학습자를 참여시키는 것부터 개별 학습 동반자의 개발에 이르기까지 교육에서 가능한 AI 응용을 탐구중이다. 이런 노력은 컴퓨터 과학 분야와 교육, 심리학, 과학 교육 등의 다른 분야를 통합하는 AIED(AI in Education) 연구 분야로 수렴된다.

이런 활동들은 모든 연령의 학습자들을 위한 교육을 제공할 수 있다는 기대와 희망을 불러일으킨다. AI 연구자들은 오랫동안 인간이 지식과 교감하는 훌륭한 방법을 지원할 수 있다고 생각했다. 테리 세즈노스키^{Terry Sejnowski}는 "점점 많은 인식장치들이 고안됨에 따라 인간은 더 똑똑해지고 지금껏 예상하지 못한 방법으로 할 수 있는 것이 많아질 것"이라고 말했다.[12] 따라서 관련 연구자들은 AI가 교육에서 '게임 체인저^{Game changer}'가 될 것이라고 주장한다.[13] 몇몇 분석가들은 로봇이 10년 안에 교사를 대체할 것이라고 강하게 주장한다.[14] 또한 교사들이 곧 AI 보조를 갖게 될 것이라고 예측한다.[15] 어느 쪽이든, 분석가들은 교실과 학교가 영향을 받을 것이라고 확신한다. 도날드 클락^{Donald Clark}이 주장했듯이, 우리가 공장의 수공업을 바라보는 것처럼 교사와 교실을 바라볼지도 모른다. 교사들이 똑똑하지 않다거나 가치가 없다고 말하는 것이 아니다. 단지 AI 기술이 다른 많은 영역에서와 같이 더 가치 있고 똑똑해진다는 것을 말하는 것이다.[16]

일련의 이런 예측들은 매우 직관적이다. 지난 10년 동안 현저한 발전이 AI에서 이루어졌고, 인간은 모든 직업에서 독점적 지위를 갖기를 더 이상 기대할 수 없다. 크리스틴 하우저Kristin Houser는 "로봇 교사를 사용하는 것이 장점이 많다는 것을 쉽게 알 수 있다. 디지털 교사는 휴가도 필요 없고 지각도 하지 않는다. 시스템은 실수를 하지 않는다."라고 기록했다. 정확하게 프로그래밍한다면, AI는 성, 인종, 사회 경제적 지위, 성격, 다른 고려에 대한 어떠한 편견도 보여주지 않을 것이다.[17] 하지만 교육에 대해서는 인간과 기술 사이의 구별짓기가 보이는 것보다 훨씬 어렵다. 따라서 우리가 이 책의 전반에 걸쳐 가지고 가야 할 몇몇 중요한 점들을 이야기하고자 한다.

첫째, 모든 '인간'이 같지 않고, 모든 인간이 좋은 교사인 것은 아니라는 것을 상기하는 것이 중요하다. 또한, 비판의 여지가 없는 고귀한 존재로 '인간' 교사를 맹목적으로 옹호하지 말아야 한다. 현재 교사로 일하고 있는 몇몇 사람들은 분명히 그 일에 적합하지 않으며 때때로 즉시 자리를 물러나는 것이 낫기도 하다. 그리고 기계가 더 잘하는 교육의 측면이 있다. 대부분 교사의 일은 일상적 의무와 더불어 학습자, 학습에 직접 관련이 없는 '실용적인' 업무를 포함한다. 로봇이나 컴퓨터가 정보를 전달하고 출석을 기록하는 것이 유일한 직업인 교사를 대체할 수 있다고 가정하는 것은 타당하다. 대신 이 책에서 고려해야 할 가장 중요한 문제는 훌륭한 인간 교사의 작업을 모방할 수 있는 AI 기술의 잠재력과 관련이 있다. 따라서 다음 장에 걸쳐 몇 가지 중요한 질문이 제시된다: (i) '좋은' 교육은 무엇을 의미하는가? (ii) 사용자 요구에 맞는 기술 기반 시스템에 적합한 요소는 무엇인가?

둘째, '기술'과 '인간'을 구분하는 것이 점점 어려워지고 있다. AI에 대한 논의에서 등장하는 요점 중 하나는 모든 기술이 그 기원과 구현 면에서 '인간'이라는 것이다. 모든 '로봇 교사'는 실제로 사람과 기계, 물질 세계, 코드화된 구조 및 사회적 환경의 조합이다. 따라서 로봇은 인간 디자이너가 설계하고 구성하며, 알고리즘은 인간 프로그래머가 작성한다는 점을 기억하는 것이 중요하다. 또한 대부분의 기계학습은 실제로 수백만 명의 인간의 집합된 행동에서 패턴을 식별한다. 따라서 교육에서 AI 기술의 사용을 이해하려면 '사회-기술적' 접근 방식을 취해야 한다. 즉, 기술을 경제적, 정치적, 사회적 및 문화적 문제와 함께 기술·과학적 요인의 조합으로 간주해야 한다. '인간 교사'와 '로봇 교사'를 구별하는 것은 사람과 기계의 문제가 아니다. 우리는 다양한 사람들이 점점 더 복잡하고 밀접하게 연결된 방식으로 기계 및 소프트웨어와 어떻게 얽혀 있는지에 관심을 가져야 한다.

인공지능과 교육: 큰 그림 보기

사회-기술적 관점은 AI 교육의 더 넓은 의미에 대해 생각하게 한다. 이는 소수의 기술자, 개발자 및 연구원의 지적인 호기심에서 출발하는 교육적 발전이 아니다. AI 시스템을 교실에 도입하려는 열망은 미래 교육과 '디지털 시대'의 본질에 대한 광범위한 쟁점들과 관련이 깊다. 여기에는 논의가 진행됨에 따라 염두해야 할 몇 가지 광범위한 주제들이 있다.

기술만능주의와 실리콘 밸리의 영향력 증대

AI를 교육에 도입하려는 노력은 글로벌 자본주의의 중심축이 되고 있는 실리콘 밸리의 가치를 반영하는 빅테크 기업의 개혁 활동 중 하나이다. 저소득층 의료에서 고속 대중교통에 이르기까지의 모든 방면에서의 변화와 함께 이러한 영향은 교육의 개선 및 개혁에도 실질적인 변화를 일으키고 있다. 에브게니 모로조프Evgeny Morozov는 이 현상을 '기술 해결주의technological solutionism'라고 명명했다. 이는 기술에 대한 근본적인 믿음, 즉 디지털 기술이 복잡한 사회 문제를 해결할 수 있는 '문제 해결 인프라'를 제공한다는 믿음이다.[18] 이러한 사고는 다른 곳(예: 우버^Uber 및 넷플릭스^Netflix)에서 성공적으로 입증된 AI 기반 운영 논리를 적용하여 교육 문제를 해결할 수 있다는 가정을 뒷받침한다. 여기서 핵심은 '기업가적' 방식으로 교육 변화에 접근하려 한다는 것이다. 즉, 성공적으로 효과를 입증하지 못하면 즉각 수정, 중단되는 막대한 자금의 지원을 받는 교육을 의미한다. 이 접근 방식은 소프트웨어 개발의 '더 빨리, 더 자주 실패하기^fail fast, fail often' 사고방식을 구현하는 것으로 시스템 전체로 확장될 수 있는 '베타 테스트^beta-testing'를 구현하는 데 중점을 둔다.

교육 개혁에 대한 자본의 욕망

현재 AI 중심 교육에 대한 지원은 학교와 대학들이 기술 혁명과 디지털 혁명으로부터 이익을 얻을 것이라는 믿음에서 시작한다. 이는 시대에 뒤떨어지고 비효율적인 교육 시스템을 개혁하려는 기업의 조바심을 가속화한다. 즉, 시대에 뒤떨어지고, 교육적 목적에 맞지 않는 현재 형태의 학교와 대학은 사라져야 한다는 주장이다. 결과적으로, IT 기업, 자선 재단, 벤처 투자자 및 기타 '교육 분야 사업가' 들은 학교나 대학이 무엇인지에 대한 전통적인 생각을 '수정'하고 '중단'시키기 위해 홍보에 상당한 시간적, 재정적 투자를 하고 있다. 교실 교육의 자동화에 대한 사업적인 관점에서의 요구는 20세기 교육 시스템을 산업 사회의 유물로 취급하고 이를 혁신하려는 욕망에 의해 추진된다고 볼 수 있다.[19]

교직을 개혁하려는 정치적 욕망

광범위한 주제들과 함께, AI를 교육에 배치한다는 생각은 정치적, 대중적 불만이 커짐에 따라 촉발된다. 학교 교사와 대학 강사들이 사회에서 매우 존경받는 구성원이 되던 시대는 이미 오래전에 지났다. 신규교사 질 저하로 인해 교사들이 교직을 떠나는 등 교직의 위기가 반복되고 있다. 교직은 비용이 많이 들고 변화에 완강히 저항하는 보수적인 직업으로 평가받는다. 이러한 배경에서, 자격이 없는 졸업생, 기업체 및 군인들을 학교에 투입하기 위한 계획과 같은 교직 자원의 대안에 관심이 증가하고 있다. AI 기반의 교육 기술을 배치한다는 생각은 교직의 노동 정치학을 교란하려는 이러한 야망과 일치한다.

일의 미래와 직업의 종말

분명히, 이러한 논의는 미래의 일의 형태에 AI가 미치는 영향에 대한 우려와 얽혀 있다. AI가 많은 직업의 종말을 가져오고, 동시에 새로운 형태의 고용을 창출할 것이라 예상한다. 그러한 우려는 디지털로 야기되는 직업의 종말에 대한 일반적인 이야기와 함께 나타난다.[20] 의사, 건축가, 치료사를 포함한 모든 종류의 루틴^{routine}과 프로토콜^{protocol}에 의존하는 전문가들은 영향을 받기 쉽다. 심지어 성직자들도 영향을 받기 쉬운 것으로 보인다. 고용에 대한 우려도 있지만, 이 변화는 전문 엘리트들의 테두리에서 벗어나 전문지식을 민주화하고, 전문가의 조언과 서비스에 대한 의존도를 낮추는 진보적인 단계라고도 볼 수 있다. 기자, 회계사, 변호사의 필요성을 진지하게 의심하고 있는 디지털 자동화 시기에 교직 역시 비슷한 상황에 놓여 있다.

비판적이어야 할 필요성

이 모든 이슈와 의제는 AI와 교육의 주제를 넓고 균형 잡힌 방식으로 접근하여야 한다는 것을 암시한다. '로봇은 교사를 대체할 것인가?(Should Robots Replace Teachers?)'라는 질문은 단순히 효과적인 시스템을 설계하고 개발하는 방법에 관한 기술적인 문제가 아니다. 또한 학습이론이나 교육학적 설계에 대한 교육적인 문제가 아니다. 오히려 이 질문은 사회, 역사, 인류에 대한 질문들이다. 교육 분야에서 AI 기술의 구현은 복잡하고 매우 논란이 많은 문제로 보아야 한다. 결과를 받아들이는 것에 만족해서는 안된다. 해리 콜린스$^{Harry Collins}$가 언급한 것처럼 우리는 여러 면에서 지능적이지 않고 한계가 있는 기계에 '항복'하지 않아야 한다. 이 책의 목적 또한 그와 같다.[21]

교육 분야에서 AI의 부상은 사회, 문화, 경제, 정치적 노선을 따라 접근할 필요가 있고 여러 가지 중요한 연결을 탐색해야 한다. 기술 변화가 민간 부문의 역할 증대로 향하는 신자유주의 사회로의 재현, 개인주의 증가, 데이터 중심의 책임에 초점을 맞추는 방식을 예로 들 수 있다. 이 책에서 설명하겠지만 정보처리 기술은 현대 교육기관이 데이터 기반의 책임 시스템을 중심으로 운영하는 방식과 일치한다.

또한 사회학적 우려는 교육의 자동화와 관련된 잠재적 불평등에 대한 의문을 제기한다. 이것은 교육의 표준뿐만 아니라 그들의 직업이 위태로운 교육 종사자들과 관련이 있다. 이튼Eton과 같은 명문 사립학교의 교사들과 학생들은 일반 공립학교와 같은 종류의 교육의 자동화를 경험하지 못할 가능성이 높다. AI가 허드슨 카운티Hudson County의 커뮤니티 칼리지community college in Hudson County와는 매우 다른 방식으로 하버드Harvard와 같은 아이비리그Ivy League 대학에 영향을 미칠 것이다. 따라서 이러한 모든 면에서 기술의 힘을 염두에 두고 '실리콘 밸리의 미래주의적 담론에 대해 어느 정도 중요한 거리'를 유지해야 한다.[22]

AI와 교육의 발전에 대한 비판적인 인식은 새로운 기술의 역사에 관심을 갖게 됨으로써 강화된다. AI의 교육적 활용은 1960년대부터 '컴퓨터 교사'와 그 이후로 유사한 시스템을 개발하면서 시작되었다. 따라서 현재 AIED 혁신의 물결이 교육을 자동화하려는 첫 시도는 아니다. 다음 장들에서 살펴보겠지만, 2020년대의 교육 기술과 1920년대의 기계화된 '교육용 기계teaching machines' 사이에는 분명한 유사점이 있다. 20세기 초반 기계는 일반적으로 펀치 홀 카드punch-hole cards, 톱니바퀴 및 레버에 의존했다. 하지만 교육의 자동화를 위한 과거의 시도에서 얻은 교훈은 오늘날에도 유효하다. 즉, 자동화 기술이 교사와 학생에게 주는 복잡하고 모순된 함의가 있다.

마지막으로, 교육 분야의 AI가 현대 시대의 주요 실존적 과제 중 하나와 밀접하게 관련되어 있음을 인식하여야 한다. '디지털 시대에서 인간이 된다는 것은 무엇을 의미하는가?' 이것은 육체를 통해 가르치고 배우면서 변화할 수 있는 본질에 관한 생물학적 질문들을 제기한다. 그러나 그 질문은 점점 더 연결되고 있는 세계에서 '개인'이 된다는 것의 의미가 무엇인지에 대해 많은 의문을 제기한다. 예를 들어 지엽적이며 대면적이었던 의무가 더 넓게 원격 방식으로 변화함에 따라 '집단적' 존재의 의무는 무엇인가?

그러나 교육에 있어서 AI가 제기하는 가장 중요한 철학적 질문들은 우리가 받아들일 수 있고 바람직하다고 생각하는 것에 대한 도덕적이고 윤리적인 논쟁에 관한 것이다. 예를 들어, 항상 기계의 판단보다 인간의 판단을 우선시해야 하는가? 항상 인간의 안녕을 기계 위에 두어야 하는가? 그렇다면 이것은 인간 교사의 직업을 보호하는 데까지 확장되는가? 인간이 가르치는 것보다 기술이 학습자에게 지속적으로 더 나은 결과를 제공한다고 입증된 경우, 사용을 거부할 근거는 무엇인가? 학습 결과 및 비용 절감 측면에서 효과적인 것으로 입증된 시스템과 응용 프로그램을 의무적으로 만들어야 하는가? 아니면 인격 형성, 인성 함양, 그리고 더 큰 선**과 관련된 교육의 측면에서 기술을 판단해야 하는가? 디지털 시대에 좋은 삶은 무엇이고, 유의미함과 인간다움을 추구하는 교육은 무엇을 의미하는가?

결론

기본적인 정의와 배경지식에 대한 토대를 마련했다면 이제는 우리 앞에 당면한 과제를 해결해야 한다. AI의 지속적인 인기는 교육에 어떤 의미가 있는가? 2020년대로 접어들면서 이러한 기술이 여전히 신기할지 모르지만, 10년 정도 후의 결과는 어떨지 모른다. 이는 가능한 한 빨리 생각해야 하는 중요한 문제이다. 실제로, 교실에서의 증가하는 AI의 존재감에 비해 교육 전반에 걸쳐 더 큰 문제의식과 논쟁을 불러일으키고 있지 않다는 사실이 우려스럽다. 점점 더 자동화되는 미래를 준비하고 이를 통해 얻을 수 있는 분명한 이점들이 있지만, 교육은 여전히 가장 미래 중심적이지 않은 분야 중 하나이다. 교육자들은 위기가 발생했을 때 대처할 수 있는 자신들의 능력에 대해 다소 자만하는 경향이 있다. 그러나 AI와 자동화에 관해서는 최악의 상황을 체념하고 기다리는 것은 파멸적인 결과를 가져올 가능성이 크다.

지금까지 AI와 교육에 관한 의제는 주로 컴퓨터 과학자, 인지심리학자, 기술 디자이너와 판매업자, 사업 이해 관계자와 기업 개혁자들이 주도해왔다. 그들이 제시한 비교육적 우려가 어느 정도까지 옳았는가? 교육에서 현재 AI를 지지하는 사람들이 제기하고 있는 주장을 어떻게 개선 및 반박할 것인가? 다음 네 장에서 주목해야 할 중요한 논의는 조금 다르게 생각할 필요가 있다. 하나의 측면에서는 '이미 개발 중인 AI 기반 기술을 통해 향후 교육 개혁에 대해 무엇을 배울 수 있을까?'이고, 또 다른 측면에서는 'AI와 교육환경에서 AI가 구현되는 방법에 대해 다시 한번 생각하게 만드는 이슈에는 어떤 것들이 있을까?'이다.

토론 주제

1. '과연 로봇은 교사 일을 대신하고 싶을까?(Would robots like to replace teachers?)'에 대한 생각을 이야기해 봅시다.

2. 디지털 기술과 AI 시대의 '좋은 삶'이란 무엇이며 디지털 기술과 AI 기반의 '미래 교육'은 무엇을 의미하는지 이야기해 봅시다.

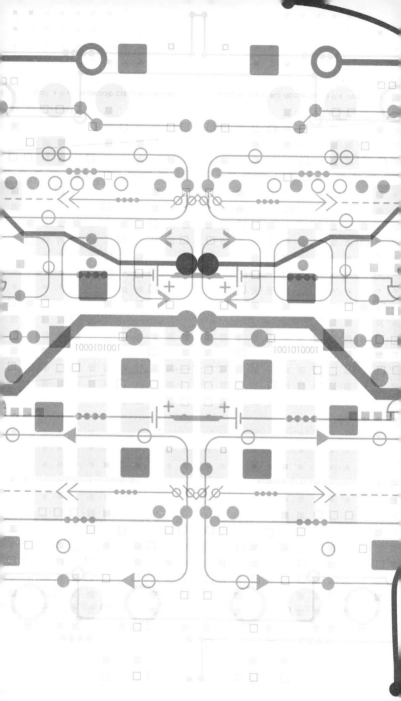

2장 교실의 피지컬 로봇

로봇공학자들은 여전히 '불쾌한 골짜기^{uncanny valley}' 현상을 극복하기 위해 고군분투하고 있다. 즉, 가장 실제와 같은 인간 시뮬레이션조차도 소름 끼치는 느낌을 없애기에는 충분하지 않은 경향이 있다. 어떤 교사도 (심지어 로봇 교사도) 그들의 외모로 인해 어린아이들이 울음을 터트리길 원하지 않는다.

이 책의 제목을 보면, 교육에서 '피지컬physical' 로봇을 사용하는 것으로 시작하는 것이 적절해 보인다. 로봇들 가운데 극히 일부만이 교육 환경에서 정기적으로 사용되고 있다. 하지만, 20년 동안 진행된 로봇 개발은 인간 교사를 복제하는 것과 관련하여 몇 가지 중요한 문제를 제기한다. 3, 4장은 수백만 명의 학습자가 사용하고 있는 AI 기반 소프트웨어 시스템과 애플리케이션에 초점을 맞춘다. 이와 반대로, 2장에서 다루는 테크놀로지들은 수천 명의 학생에 의해서만 실험적인 도구로 사용될 가능성이 더 크지만, 여기서 다루는 피지컬 로봇은 효과적이고 탐색적인 실험 사례를 제공한다. 그러나 이 장에서 다루는 피지컬 로봇은 효과적인 탐색적 실험 사례를 제공한다.

교육 환경에서 실제 제한적인 사용과는 달리, 피지컬 로봇 교사에 대한 상상의 역사는 깊다. 상상의 역사는 당시의 광범위한 사회적 관심을 반영한다. 예를 들어, 로봇 교사에 대한 언론의 관심은 전쟁 후 국가에서 빠르게 확대되는 '베이비 붐' 세대의 아이들을 어떻게 교육할 것인가에 대한 관심이 증가하면서 1950~1960년대에 처음 정점에 이르렀다.

당시의 만화와 TV 시리즈에는 슈퍼맨Superman의 '크립톤에서 온 슈퍼 교사Super-Teacher from Krypton'와 우주 가족 젯슨Jetsons의 '미스 브레인모커Miss Brainmocker'와 같은 로봇 교사가 등장했다. 20세기가 끝나면서, 이러한 묘사 중 일부는 더 디스토피아적인 어조를 띠었다. 1990년 영화 〈폭력 교실(Class of 1999)〉에서는 새로 발령받은 교사로 전직 군용 로봇이 등장했는데, '가르치기 위해 고용되고, 죽이기 위해 프로그래밍되었음'이라는 꼬리표가 붙은 것으로 묘사했다. 이와 대조적으로, 21세기에 교실 로봇의 양상은 훨씬 더 형식적인 수준으로 판명되었다. 교실에서의 로봇 개발은 실제로 어떻게 이루어지는가? 또한, 이것은 AI와 교육에 대해 무엇을 말해주는가?

교실의 로봇

피지컬 로봇을 지금까지 단순한 학습 도구로 교실에서 사용하고 있다. 기초 로봇공학은 로봇 제작과 프로그래밍을 배우는 고등학교와 대학의 대표적인 과목이 되었다. 이제는 로봇 키트를 조립하거나 공을 차는 것과 관련된 물리학을 탐구하거나 기본적인 공학 개념을 배우는 것은 흔하게 볼 수 있다. 유사한 형태의 많은 교육 소프트웨어와는 달리, 하드웨어 기반 학습은 '실재하는 학습 결과물과 그것에 대한 물리적인 표상을 제공하는' 효과적인 방법으로 여겨진다.[1]

이 장에서는 교사와 교실의 동반자 역할을 하는 '사회적' 로봇의 정교한 개발에 관해 다룬다. 여기에는 사회적 존재로서 어느 정도의 자율성을 갖고 인간 교사, 또래 또는 애완동물과 상호작용하는 피지컬 로봇을 포함한다. 사회적 로봇은 자신의 환경을 '감지'하고, 이를 바탕으로 특정 업무 목표를 달성하는 방법을 계획하며, 외부 통제 없이 작업을 수행할 수 있다.[2]

실제로 지난 20년 동안 개발된 교육용 로봇은 완전한 자율성을 가진 AI 기반 기능을 갖춘 기계부터 인간 교사가 부분적으로 제어하는 덜 정교한 원격장치까지 다양하다.

이처럼 다양한 로봇들이 교육용으로 개발됐다. 로봇들은 역할, 활동, 외모 면에서 모두 다르다. 예를 들어 로봇은 교사, 교실 관리자, 학생 동료 또는 도움이 필요한 동료의 역할 등에 활용될 수 있다. 모든 역할은 강의와 시험에서부터 인간의 지도와 가르침을 요구하는 것에 이르기까지 다양한 활동을 포함한다.

마지막으로, 외모 면에서 전형적인 로봇에서부터 휴머노이드 마네킹과 인간이 아닌 캐릭터까지 다양한 형태를 취할 수 있다. 이들을 좀더 자세히 살펴볼 필요가 있다.

교실 교사 로봇

교실 교사 로봇은 보통 권위 있는 인물의 역할과 명확한 지식의 원천으로 작동하도록 설계되었다. 이러한 기계들 대부분은 팔, 다리, 얼굴과 비교적 큰 바퀴가 달린 기계의 형태로 전형적인 '로봇' 외모를 가지고 있다. 자율 상호작용 로봇에 관한 연구와 개발은 일본, 대만, 한국의 로봇공학자들이 주도하고, 초·중등 환경에서 교사 대용으로 가장 널리 사용하고 있다. 이 로봇들은 때때로 보살핌을 제공하는 용도이기도 하지만, 직접적으로 지시하고, 학급 통제를 유지하며, 학생들을 학습 활동에 참여시키는 임무를 수행한다.

아이로비IROBI◆ 로봇과 같은 초기 시도는 학생들이 상호작용할 수 있도록 모니터가 달린 모바일 장치에 불과했다. 최근에는 사회적으로 더욱 정교해졌으며, 소피아 서홀트Sofia Serholt가 말한 것처럼 "카리스마 넘치는 교사의 행동을 닮기 위해" 노력하고 있다.[3] 이러한 로봇은 학습자의 감정적, 정서적 상태를 인식하고 반응하는 능력에 특히 중점을 두고 있다. 최근에 개발된 센서와 고성능 카메라를 사용한 교실 로봇은 각 학생을 정확하게 식별할 확률이 66%이며 학생들의 행동을 95% 추적할 수 있는 것으로 입증되있다. 개발자들은 이 데이터를 통해 로봇이 동료 그룹 내에서 각 학생의 사회적 지위를 71.4%의 정확도로 계산할 수 있었다고 주장한다.[4] 이 정보는 로봇이 고립되거나 괴롭힘을 당하는 아이들을 향해 주의를 기울이도록 하기 위한 것이다.

유치원이나 초등학교 튜터 용도 외에도 튜터 로봇의 또다른 인기 분야는 영어 학습이다. 이로 인해 로봇 지원 언어학습Robot Assisted Language Learning의 전문 연구 분야가 생겨났고,

---

◆ 한국의 로봇 업체 '유진로봇'이 개발한 가정 및 의료용 터치스크린 로봇이다. 사용자 혈압이나 심장 박동, 체온 등을 잰다. 사용자와 기본적 상호작용도 가능하다. 빛을 반짝거리면서 간단하게 감정을 표시한다. '안녕'이라고 인사도 한다. 배터리가 떨어지면 '배가 고프다'라며 충전 시기를 알려준다.

주로 원어민과의 일대일 직접 상호작용 경험을 복제하는 데 중점을 두고 있다.[5] 개발자들은 언어 학습자가 로봇 튜터와 대화하는 것을 인간과 대화하는 것보다 덜 주저한다고 보고했다. 로봇은 언어 학습의 중요한 측면인 시각적 단서, 얼굴 제스처 및 기타 비언어적 상호작용을 제공할 수 있는 동시에 언어 오류와 실수에 대해 평가하지 않으면서 반복적으로 교육한다.[6]

휴머노이드 로봇 교사

종종 인간처럼 물리석으로 설계되지만, 로봇은 그 자체로 '인간'으로 보이도록 의도한 것은 아니다. 개발자들은 기계들이 사람의 입력 없이 자율적으로 작동할 수 있도록 하는 데 집중하는 경향이 있다. 소수의 로봇공학자만이 휴머노이드 교사 로봇의 효과를 시험해보려고 시도했다. 이러한 로봇은 외관상으로는 매우 현실적이지만 행동에는 덜 자율적인 경향이 있다.

휴머노이드 기계 중 가장 널리 알려진 것 중 하나는 일본 로봇 사야Saya였다. 2000년대 말 일련의 실험에서 사야는 교사로서 수업하게 되었지만, 소위 '오즈의 마법사 테크놀로지 (Wizard-of-Oz-techniques)'◆로 대부분 통제되어 있었다. 사야

◆ 인간-컴퓨터 상호작용 분야에서 오즈의 마법사 실험은 피사체가 자율적이라고 생각하지만 실제로 보이지 않는 인간에 의해 작동되거나 부분적으로 운영되는 컴퓨터 시스템과 상호 작용하는 연구 실험이다.(출처: 위키백과)

는 인공 고무로 보철된 얼굴과 손, 치마 정장, 갈색 머리, 화장을 한 교사의 모습을 취했다. 표현력이 풍부한 '얼굴을 가진 로봇'인 마네킹이었다. 머리에는 목, 턱, 코, 눈썹, 눈꺼풀, 턱, 주름을 조절할 수 있는 19개의 제어 포인트가 있었다. 일련의 모터를 활용하여 행복, 슬픔, 놀라움, 두려움, 혐오, 분노의 여섯 가지 기본 감정을 표현하도록 프로그래밍하였다.

사야는 11세 학생들과 함께 수업 등록을 하고, 학생들의 행동을 모니터링하고, 교실을 둘러보며 강의를 하는 등 성공적으로 테스트를 거쳤다. '상호작용 모드'일 때 로봇은 '최선을 다해! 조용히 해! 눈을 돌리지 마'와 같은 짧은 문장을 말할 수 있었다. 개발자들은 사람들이 실제 인간과 상호작용하는 것처럼 사야가 인간과 같은 존재감을 줄 수 있다는 것을 증명하기 위해 이러한 연구를 진행했다.[8]

이 로봇은 대학생보다 초등학생들의 적극적인 참여를 유도하는 데 성공적이었던 것 같다. 관련 연구자는 어린아이들은 '혼나면 심지어 울기 시작한다'고 말했다.[9]

동반자와 또래 로봇

튜터 로봇은 학습자들에게 받아들여질 것이라는 '개념 증명(proof of concept)'◆ 역할을 교실에서 구현하고 있다. 반면, 일부 몇몇 열정적인 로봇공학자들이 유치원과 학교에서 '애완' 로봇의 사용을 탐구하기 시작했다. 보통 소비자들에게 수천 달러에 판매되는 기성품 모델을 이용한다. 권위 있는 인물로 제시하는 대신, 이 로봇들을 학생들이 친근하고 편안한 상황에서 배우는 교육 환경에 배치한다. 이러한 로봇 중 일부는 학생들이 가르칠 수 있는 역할을 하도록 프로그래밍하였으며, 학생들은 로봇이 스스로 '학습'하도록 도우면서 배운다.

이 실험들은 종종 페퍼[Pepper]와 나오[Nao]와 같이 두 발로 걷는 작은 로봇을 사용했다. 이러한 로봇들은 〈카스파[Kaspar]〉 어린이 로봇■과 같이 미니어처 인간의 모습을 하고 있다. 또한, 더 작은 탁상 장치의 사용에 관한 관심도 증가하고 있다. 소타[Sota]와 같은 탁상용 로봇은 키가 24cm에 불과하고 다리가 없으며 인터넷과 센서 장치에 연결할 수 있다. 이러한 로봇은 완전히 움직이는 보행 로봇보다 덜 놀랍지만, 교실에서 '또래' 역할로 성공적으로 시험대에 올랐다. 소타는 학생들의 주의를 끌 수 있고, 수업 시작 시 학생 신분을 감지하고, 침묵을 분별할 수 있으며, 눈 색깔을 변경하여 찬반 양상을 시뮬레이션할 수 있다.[10] 탁상용 형태의 로봇은 꽤 이목을 끌며 교육적인 것으로 입증되었다.

로봇이 학습자와 사회적 유대감을 형성하고 사교적인 존

◆ 기존에 없었던 신기술을 도입하기 전에 검증하기 위한 목적으로 사용된다.(출처: 코스콤 IT 용어사전)
■ 어린아이 크기의 휴머노이드 로봇으로 시각, 청각과 감각기관에 따라 행동하며 아동의 사회적 상호작용을 돕는다.

재감을 제공할 수 있는 능력이 교실 기반의 동반자 로봇을 개발할 때 중요한 목표이다.[11] 타카유키 칸다[Takayuki Kanda]와 동료들의 표현처럼, 로봇공학자들은 '사용자와 공통점을 갖기 위해' 기계를 설계하는 '사회적 도전'과 씨름하고 있다.[12] 어린아이들과 함께하는 한 가지 일반적인 테크놀로지는 로봇을 쓰다듬고 껴안고 뽀뽀하는 것과 같이 학습자와 기계 사이의 신체적 접촉을 장려하는 것이다.[13] 또 다른 기술은 로봇이 학생들의 이름을 부르고, 시간이 지나면서 친근해지고, '개인적인 문제'를 털어놓을 수 있도록 한다. 예를 들어 사람들과 540분을 함께한 후에, 칸다[Kanda]의 로보비어[Robovie] 로봇은 한신타이거즈[Hanshin Tigers] 야구 팀을 지지한다는 것을 공개하도록 프로그래밍하였다.

돌봄을 이끌어내는 로봇

동반자 및 동료 스타일의 로봇과는 대조적으로, 흔히 '돌봄이 필요한' 역할을 수행하도록 설계한 소형 기계를 사용하기도 한다. 로봇공학자인 다나카 푸미히데[Fumihide Tanaka]는 미취학 학생들을 즐겁게 해주고, 춤을 추도록 프로그래밍한 동반자 로봇을 통하여 이 로봇들의 잠재력을 처음으로 깨달았다고 말했다. 한 세션 동안 로봇은 전원이 끊기고 서서히 뒤로 눕는 종료 프로세스를 시작했다. 아이들은 약간 놀랐지만 담요와 음식을 가져오기 시작했고 로봇을 돌보기 시작했다. 푸미히데는 도움을 이끌어내고 학생의 협력을 자극하는 상황에서, 결함이 있는 로봇과 똑똑하지 않은 로봇의 교육적 가치를 탐구하였다. 그가 묘사한 것처럼, 이것들은 '인간에게 광범위한 보살핌 행동을 일으키도록 고안한 로봇'이다.[14]

푸미히데는 인기 있는 페퍼Pepper 로봇에 이 접근법을 성공적으로 사용했다. 다른 연구원들은 치매 환자들에게 이 기계의 성공을 복제하기 위해 로봇용 아기 물개인 파로Paro의 교육적 사용을 탐구했다. 파로는 만지고 쓰다듬으면, 눈을 마주치고 익숙한 얼굴을 기억하도록 프로그래밍되어 있다. 촉각에 민감한 털, 수염, 그리고 큰 유리 같은 눈 밑에 32비트bit 프로세서, 마이크, 촉각 센서, 그리고 몸을 움직이는 복잡한 모터와 작동장치를 갖추고 있다. 파로는 유사한 로봇 개, 인형, 그리고 테디베어에도 잘 반응하는 자폐증이 있는 아이들에게 특히 효과적인 도구라고 보고되고 있다.[15] 권위주의적인 교사의 존재를 복제하는 것과 대조적으로, 이 기계들은 인간 교육자들이 도움을 주려고 애쓰는 방식으로 치료적 학습을 지원하는 것으로 보인다.

교실 로봇의 잠재력과 실용성

교육용 로봇 공학의 지지자들은 확실히 상당한 진전을 이루고 있다고 생각한다. 이 기계들의 대부분이 예비 개발 상태에 있음에도 불구하고, 큰 성과가 전망되는 분야이다. 최근 연구 프로젝트에서 다음과 같은 결론을 내렸다.

미래에, 교사의 일은 로봇에 의해 더 효과적으로 수행될 수 있을 것이다. 엄청난 양의 정보를 처리하고 그 결과를 학생의 요구를 해결하는 데 활용하는 능력은 AI가 인간을 능가하는 영역이다. 인간 학습자와 상호작용하는 능력도 AI가 인간을 능가한다. 만족스러운 교사들로 구성한 팀을 유지하는 것은 어렵지만, 만약 그들이 로봇이라면, AI를 통해 훨씬 비용을 절감할 수 있어, 로봇이 인간 교사들을 대신할 수 있다는 것을 보여준다.[16]

특히 많은 로봇 공학자들은 로봇의 교사 역할에 대한 신뢰와 수용이 높아질 것으로 생각한다. 예를 들어, 유럽에서 이루어진 연구들은 4분의 3 이상의 학생들이 교실 로봇에 관한 긍정적인 것으로 나타났지만, 교사들을 완전히 교체하는 것을 선호하지는 않았다.[17] 물론, 교실에서 피지컬 로봇의 활용은 여러 가지 현실적인 장벽에 직면해 있다. 여기에는 로봇의 도입, 전원 공급 및 작동 상태를 유지하는 기본적인 문제를 포함한다. 많은 학교와 대학에서는 정교한 로봇은 물론, 컴퓨터 기기를 관리하기 위해 많은 노력을 한다. 이러한 기계는 과열 및 오작동을 일으킬 수 있다. 또한 교사들

은 그러한 기계들과 교실을 공유하기 위한 훈련 및 환경이 부족하다고 지적한다.[18]

이러한 문제들은 교육에서 '새로운' 기술의 구현에 대한 오랜 장벽을 재현하고 있다. 래리 큐반Larry Cuban의 디지털 이전 기술 사용 역사는 1910년대와 1980년대 사이에 영화, 라디오, 텔레비전의 점령을 방해하는 유사한 일련의 장벽들을 확인했다.[19] 로봇학자들은 로봇이 사회에 통합되면서 이러한 문제가 사라질 가능성이 크다고 주장하지만, 로봇 교사들이 가르치는 일에 충분하지 않다는 의구심을 바꾸기는 어렵다. 로봇 교사들은 일단 가르치는 일에 아주 능숙하지 못하다. 전문가들은 다른 산업에서의 로봇 적용을 촉진하는 고용상의 이점이 대부분의 로봇 교사에게는 적용되지 않는다는 것을 인정한다.[20] 교육은 특별히 위험하거나 지저분하거나 따분한 과업이 아니다. 피지컬 로봇은 특별하게 비용이 합리적이고, 가르치는 데 있어서 인간보다 뛰어나다는 설득력 있는 증거는 없다.[21] 개발자들은 향후 약 10년 동안 주된 수요는 또래 로봇과 언어 과외 로봇이 될 것으로 예상한다. 수백만 개의 사야Saya나 소타Sota가 조만간 교실을 장악할 가능성은 거의 없어 보인다.

하지만, 이러한 한계가 로봇 교사에 관한 생각을 완전히 무시하게 해서는 안 된다. 로봇공학자들은 분명히 그들이 어느 시점에서는 인간 교사들과 필적할 수 있는 기술을 개발할 수 있다고 믿는다. 로봇이 결코 실행 불가능한 교육적 명제라고 가정할 수 없다. 또한, 실제 도입을 제한하더라도 피지컬 교육용 로봇의 개념은 교육용 AI의 일반적인 구현과 관련하여 많은 중요한 문제를 제기한다. 현실적인 한계에도 불구하고, 로봇 교사에 대한 생각은 우리에게 어떤 더 광범위한 문제를 제기하는 것일까?

인간이 아닌 기계에 의해 가르침을 받는 느낌

교실 로봇의 개발은 기계와의 경험에 대한 흥미로운 의문을 제기한다. 인간은 기계와 어떤 관계를 맺을 수 있는가? 교사가 물리적으로 존재하는 것은 무엇을 의미하는가? 바디랭귀지body language, 제스처gesture, 그리고 다른 암묵적 의사소통은 학습에서 어떤 역할을 하는가? 분명히 인간 역할을 하는 교사 로봇과 상호작용할 때 몇 가지 생리학적이고 심리적인 차이가 있다.

이러한 질문들은 몇 가지 복잡한 문제를 제기한다. 예를 들어, 로봇과 인간의 신체적 차이점을 보면 소야, 페퍼, 카스파를 설계하고 디자인하는 사람들의 최선의 노력에도 불구하고, 피지컬 로봇은 인간처럼 보이거나, 느끼거나, 말하거나, 움직이지 않는다. 사람과 똑같이 보이도록 의도한 것은 아니지만, 이 장에 요약한 대부분의 로봇은 어린이나 큰 애완동물의 모습에 가깝다. 이 기계들은 인간의 몸이 부재한 상태에서 배우는 것이 어떤 것인지 관심을 끈다. 물론, 인간의 몸은 테크놀로지 기반 교육(특히 온라인 학습)에서는 중요하지 않다. 그러나, 신체적 약점은 물리적 기계가 대체물로 제시되는 상황에서 특히 두드러진다.

마르셀 모스Marcel Mauss가 몸은 인간의 '최초이자 가장 자연스러운 악기'라고 묘사한 것을 피지컬 로봇이 다시 상기시켜준다.[22] 그들이 얼마나 민첩하고 능숙한지에 상관없이, 피지컬 로봇은 교사들이 가르칠 때 어떻게 인간의 몸을 사용할 수 있는지 서투르게 따라 할 뿐이다. 많은 가르침은 움직임을 통해 이루어진다. 예를 들어, 교사들은 학생들을 향하여 몸을 돌리거나 주변을 서성거린다. 교사들이 '신체적 표현'을 활용하는 방법에는 목소리를 높이거나 낮추거나 눈썹을 올리거나 시선을 조정하거나 특정한 방식으로 옷을 입는 방법 등 다양하다. 이러한 행동들은 모두 인간의 몸이 어떻게 교실에서 '의도적이고, 관통하는 힘'을 제공하는 가치 있는 수단인지를 보여준다.[23] 수업에서 시간과 리듬을 조정하고, 주의를 집중시키며, 학습을 위한 '장면 설정'을 한다. 인간의 몸은 단순히 교사의 보조 요소가 아니다. 오히려 인간의 몸은 전체 가르침의 수행에 활력을 주고 시선을 이끈다.

그러므로 로봇 교사들이 그들의 몸을 사용하여 가르칠 수 있는 방법에 대해 생각해보는 것은 흥미롭다. 사야는 눈 색깔을 바꿀 수 있고 다양한 얼굴 표정이 프로그래밍되었다.

그러나 이러한 시뮬레이션이 아무리 정교하더라도 물리적 외관 문제는 학습하는 데 반복되는 한계이다. 인간 학습자는 다른 사람의 살아 있는 몸에 어떤 식으로든 반응할 것이다. 심지어 가장 사실적으로 보이는 시뮬레이션과도 다르게 반응할 것이다. 다른 사람의 시선을 마주치는 것은 3D 휴머노이드 로봇의 '눈'을 들여다보는 것과는 질적으로 다르다.

로봇 연구에 있어서 한가지 일반적인 장애물은 로봇들, 특히 실제 사람을 닮도록 의도한 휴머노이드 기계들이 사람들에게 얼마나 불편함을 느끼도록 하는가이다. 앞서 설명한 현장 실험들 중 일부는 초기 새로움과 흥미가 사라진 후 어린아이들이 기계들을 신체적으로 학대하기 시작했다고 보고했다. 로봇 교사들을 때리고, 밀치고, 일반적으로 무례하게 대했다. 이러한 기계들이 존재하는 것에는 분명 뭔가 불안한 점이 있다. 엄청난 기술 진보에도 불구하고, 사람들은 살아 있는 것처럼 보이는 보철 피부와 미리 프로그래밍한 얼굴의 오싹한 모습에 계속해서 부정적으로 반응하고 있다.

다른 실험에서는 로봇의 비인간적인 행동—예를 들어, 인간이 재빨리 얼버무리고 넘어갈 수 있는 오해의 영역을 식별할 수 없다는 점에서, 튜터 로봇과 아이들의 상호작용이 어떻게 무너질 수 있는지를 보여주었다.[24] 학생들은 지나치게 규칙적이고 무차별적으로 처벌하는 교사에게는 당연히 부정적으로 반응할 것이다. 게다가 로봇공학자들은 여전히

'불쾌한 골짜기(uncanny valley)'◆ 현상을 극복하기 위해 고군분투하고 있다. 즉, 가장 실제와 같은 인간 시뮬레이션조차도 소름 끼치는 느낌을 없애기에는 충분하지 않다. 어떤 교사도 (심지어 로봇 교사도) 그들의 외모로 인해 어린아이들이 울음을 터트리길 원하지 않는다.

로봇 교사의 윤리학

이러한 내재된 불편한 감정들에도 불구하고, 교실 로봇에 대한 가장 중요한 질문은 물리적인 '피부' 뒤에 숨겨진 소프트웨어, 시스템 및 가상 자동화에 관한 것이다. 그들의 외모와는 상관없이 피지컬 로봇들은 복잡한 소프트웨어와 AI 주교육, 학습 모델을 위한 인터페이스라는 것을 기억해야 한다. 간단히 말해서, 문제는 사야나 소타의 모습이 아니라 이 기계들이 무엇을 하도록 프로그래밍되어 있는가 하는 것이다. 교실 로봇의 최근 발전은 복잡한 결정을 내리기 위해 스스로 학습하고 논리 과정을 개발하며 정신적 모델을 공식화하도록 설계한 시스템이다. 이런 점에서 지능형 시스템이 의사결정을 하고 그에 따라 행동한다는 생각은 분명히 윤리적

◆ 인간이 로봇이나 인간이 아닌 것들에 대해 느끼는 감정에 관련된 로봇공학 이론이다. 로봇이 점점 더 사람의 모습과 흡사해질수록 인간이 로봇에 대해 느끼는 호감도가 증가하다가 어느 정도에 도달하게 되면 갑자기 강한 거부감으로 바뀌게 된다. '거의 인간에 가까운' 로봇이 실제로는 인간과는 달리 과도하게 이상한 행동을 보이기 때문에 인간과 로봇 간의 상호작용에 필요한 감정을 이끌어내는 데 실패한다는 것을 잘 설명한다.(출처: 위키백과)

함의를 가지고 있다. 여기서의 질문은 믿을 수 없을 정도로 꽤 간단하다. 교육에서 로봇으로 하는 일을 통제해야 하는 도덕적 원칙은 무엇이며, 로봇이 '자율적으로' 하도록 해야 하는 것은 무엇인가?

자율적인 로봇의 윤리적인 함의와 결과를 이해하기 위해 빠르게 성장하는 분야인 로봇학에서 관련 지침을 찾을 수 있다. 로봇 윤리학은 대부분 의학 및 군사적인 맥락에서 자동화된 기술의 적용에 관심을 기울인다. 예를 들어 아무렇지 않게 '치명적인 자율 무기 시스템'이라고 칭해지는 것을 개발하는 것의 의미를 논의한다. 그러나 윤리에 대한 우려는 교육적 맥락에서도 동일하게 적용된다. 사실, 교육적 맥락에서 무엇이 피해를 의미하는지에 대한 질문은 전쟁 상황에서 보다 덜 명확하다.

로봇 윤리학에서 많은 논쟁은 예를 들어, AI가 민간 목표물을 '정밀' 폭격할 수 있는지, 아니면 생명 유지 장치를 끌수 있는지와 같은 생사와 관련이 있다. 교육 측면에서 학습자의 학습을 지원하도록 설계한 AI 기반 시스템에 이러한 우려를 가진 사람은 거의 없을 것이다. 그럼에도 불구하고, 학습 '지원'이라는 목표를 달성하기 위해 테크놀로지를 사용하는 방식에 대해 보다 구체적인 윤리적 문제가 제기될수 있다. 교육용 로봇의 윤리는 어떻게 그 시스템이나 애플리케이션이 특정 과제를 수행하는지와 같은 더 복잡한 문제와 관련이 있다.

교육에 피지컬 로봇을 구현하면 수집되는 데이터의 측면에서 사생활에 대한 분명한 문제가 발생한다. 이 장에서 설명하는 로봇 대부분은 기계가 학습자를 '감지'하는 데 도움을 주기 위한 센서, 비디오 모니터링 등 다양한 형태의 데이터에 의존한다. 로봇이 학습자의 '사회적 지위'를 가만히 계산하고 있다면, 개인은 그러한 사실을 인식할 권리가 있는가? 아니면 데이터로 무엇을 하고 있는지 알 수 있는가? 데이터 활용이 학생 간의 불평등을 악화시킬 가능성이 있는가? 데이터 기반 의사결정 시스템의 혜택은 어떻게 고르게 분배될 것인가? 어떻게 이 기계들의 행동과 결정이 차별적이지 않다는 것을 보장할 수 있는가?

또 다른 중요한 윤리적 이슈는 학생들이 로봇을 어떻게 신뢰하게 되는가에 관한 것이다. 이 장에 요약한 대부분의 테크놀로지들은 인간과 정서적 유대감을 형성하도록 고안되었다. 인간-로봇 상호작용 분야에서 일하는 엔지니어들은 의도적으로 의인화, 활동성, 호감도, 인지 지능 및 인식 안전성과 같은 특성의 설계에 초점을 맞춘다.[25] 이러한 특징(특히 어린 아이들과 관련하여)들은 어느 정도까지 감정적으로 조작하고 감출 수 있는가?[26] 아이들이 인지적으로 지각하는 기계와 정서적 애착을 형성하도록 허용해야 하는가? 또는 기계 기반 튜터와의 접촉은 훌륭하지 않은 경험인 것일까? 세리 터클$^{Sherry Turkle}$은 로봇이 학습자의 인간 접촉을 박탈하는 위험성에 대해 오랫동안 경고해왔다. 그는 로봇은 복잡하고 마찰이 전혀 없는 인간관계에 대한 '환상'을 제공하며, 기계들과 함께 학습할 때 발생할 수 있는 '피해'는 미묘하고 명백하지 않다고 말했다.[27]

로봇 교사의 정치학

피지컬 로봇의 교육적 적용 뒤에 놓여 있는 한 가지 질문은 왜 이러한 특정 테크놀로지가 좋은 아이디어라고 믿는가 하는 것이다. 독자들은 이 장에 기술한 테크놀로지들이 다소 이상하거나 기괴하다고 생각할 것이다. 이와 같은 반응들이 3장과 4장에서 설명할 소프트웨어 기반 테크놀로지에서는 유발되지 않는지 의문을 가질 수 있다. 이는 교실 로봇의 개발은 새로운 테크놀로지의 점유율을 형성하는 데 있어서 문화적인 맥락에 관심을 두게 한다. 자율형 교실 로봇의 개발은 전통적으로 동아시아(특히 일본) 연구자와 개발자가 주도하는 경향이 있었다. 왜 다른 지역에서는 사회적 로봇 '교사'를 열정적으로 추구하지 않았을까? 그리고 이것이 교육에서 다른 AI 테크놀로지의 확산 가능성에 대해 무엇을 말해줄 수 있을까?

일본 사회의 '로봇적 전환'을 뒷받침하기 위해서는 일본의 사회, 경제, 정치, 그리고 암울한 문제들을 생각해볼 수 있다. 첫째, 글로벌 경제 관점에서 볼 때 일본 산업계와 정부는 세계를 선도하는 첨단 경제와 '로봇 초강대국'으로 국가를 재건하기 위해 차세대 '신기술'로서 로봇에 전략적으로 집중해왔다. 세계 산업용 로봇 시장은 안정되었지만, 일본 정책 입안자들은 일상생활에서 사회적 로봇의 사용을 로봇 제조의 차세대 분야로 지목했다. 이로 인해 의료, 사회복지 및 공공 서비스 분야의 로봇공학에 대한 야심찬 목표 설정과 자금 지원이 이루어졌다.

그러나 로봇 교사에 대한 일본의 열정은 경제적 경쟁력을 훨씬 뛰어넘는다. 아마도 가장 중요한 것은 일본 사회가 노동력 부족, 급속한 고령화 인구, 그리고 출생률 감소 등 인구통계학적 문제들의 복합적인 문제에 시달리고 있다는 점이다. 이와 같은 경향은 외국인 이민 노동자들에게 의존하는 것에 대한 지속적인 저항으로 인해 더욱 악화되고 있다. 이러한 배경 하에서, 전통적으로 여성화된 직업(예: 교육, 간호, 접수원 업무)에 로봇 노동자를 도입하면 잠재적으로 빠른 기술적 해결책을 제공할 수 있다. 젠더gender 정치와 민족중심주의의 문제와 함께, 일본이 많은 다른 권역의 나라들보다 피지컬 로봇에 대한 생각에 더 미묘하게 적응하고 있다는 것도 설득력이 있다. 예를 들어, 일본의 대중문화는 일본 만화(manga)와 일본 만화 영화(anime)에서 로봇에 대한 긍정적인 이야기를 오랫동안 홍보해왔다. 신도shinto(조상과 자연을

섬기는 일본 종교)와 같은 일본 신앙 체계에는 무생물을 포함하여 세계의 모든 측면에 존재하는 생명 에너지와 힘의 존재에 대한 여러 복잡한 정령 신앙을 포함하고 있다. 토론토와 도쿄에서 로봇 교사에 대한 생각이 문화적, 사회적, 경제적으로 다른 의미를 가질 수 있다는 것은 확실히 이해할 수 있다.

물론 로봇에 대한 일본 특유의 '자연스러운' 친밀감을 갖지 않도록 주의해야 한다. 방금 설명한 모든 요인에도 로봇은 일본 사람들의 일상생활에 널리 보급되어 있지 않으며, 현재까지 가장 많이 팔린 것은 미국에서 제조한 방 청소 로봇 룸바Roombas이다. 마찬가지로, 테크노-애니미즘적인 신념(Techno-animistic, 우주 만물 심지어 기계에도 영혼이 있다는 믿음)은 특정 그룹, 특히 서구 컴퓨터 과학자와 AI 연구자 사이에서 두드러진다. 그럼에도 불구하고, 일본에서는 사회적 로봇에 대한 관심이 확실히 뚜렷하며 전 세계적인 관점이 아닌 지역적 맥락의 관점에서 AI 교육을 이해할 필요가 있음을 보여준다.

그러므로 사회적 로봇 교사가 단순히 가치중립적이거나 전 세계적으로 인기를 끌 수 있는 화려한 도구가 아니라는 점을 기억해야 한다. AI 기술의 특정 사례는 문화, 사회, 경제, 정치적 조건의 산물이며 다른 맥락에서는 동일한 방식으로 채택되지는 않을 것이다. 나중에 논의하겠지만, 3장과

4장에서 검토할 '개인화된' 교육 방식 중 일부는 개인의 자유와 선택의 자유에 대한 북미 (심지어 캘리포니아조차) 사람들의 생각을 반영하는 것으로 보일 수 있다. 이러한 테크놀로지는 미국의 문화, 정치 및 경제에 영향을 받지 않는 사람에게는 비실용적이거나 불안하게 다가올 수 있다. 따라서 모든 AI 기술은 암묵적인 정치, 문화로 가득 차 있으며, 종종 다른 문맥으로 원활하게 변환되지 않을 수 있는 특정 의제, 목표 및 열망과 얽혀 있음을 염두해야 한다.

결론

많은 로봇 공학자들이 로봇 교사의 개발을 주로 개념 증명(proof of concept) 구현 측면에서 보고 있다. 하지만 이러한 AI의 적용은 앞으로 이 책에서 논의할 몇 가지 흥미롭고 복잡한 문제들을 제기한다. 물론 향후 대규모의 교실 로봇의 도입 가능성을 완전히 배제하지는 않는 것이 현명하다. 로봇 교사는 여전히 틈새 시장이지만, 연구를 기반으로 한 다양한 피지컬 로봇의 특정 형태가 존재할 가능성이 커지고 있다는 것을 의미한다. 예를 들어, 아마존^{Amazon}의 알렉사^{Alexa}와 구글 홈$^{Google\ home}$과 같은 하드웨어 기반 기계가 사야와 같은 실물 크기의 휴머노이드 로봇보다 더 현실적인 대안임을 시사한다. 마찬가지로, 소타와 같은 탁상용 비서는 일상 상황에서 방해되지 않는 로봇의 가능성을 의미한다. 컨슈머

로보틱스^{consumer robotics}에서의 발전은 피지컬 로봇 교사의 향후 발전을 지켜볼 가치가 있다는 것을 시사한다.

그러나 당분간은 좀더 만나기 쉬운 형태의 AI 기반 교사로 관심을 옮겨야 한다. 사야와 소타로 가득 찬 학교 시스템을 상상할 때 매력적인 부분이 있다. 이미 전 세계 수백만 개의 교실에 배치된 AI 기반 교육 시스템에서의 관심을 피지컬 로봇 분야로 돌려서는 안 된다. 오히려 2020년대 교실에서 일어나는 일을 '소프트웨어' 로봇이 제어할 것으로 기대하는 것이 훨씬 현실적이다. 이들은 '로봇'처럼 보이거나, 느껴지거나, 로봇과 같은 모습과는 거리가 멀지만 이미 교육 디지털 자동화의 최전선에 있는 시스템이다. 피지컬 로봇 공학 분야의 발전을 간과해서는 안 되지만, 이제 우리는 교사들의 디지털 기반 자동화, 특히 많은 기술자가 튜터와 튜터링으로 구별하는 소프트웨어 자동화에 대해 탐구할 필요가 있다.

토론 주제

1. 학교 현장에서 가장 효율적으로 사용할 수 있는 피지컬 로봇은 어떤 형태일지 이야기해 봅시다.

2. 2001년 스티븐 스필버그의 영화 〈A.I〉를 감상하고 2장에 소개한 피지컬 로봇의 교육적 활용에 주는 시사점을 이야기해 봅시다.

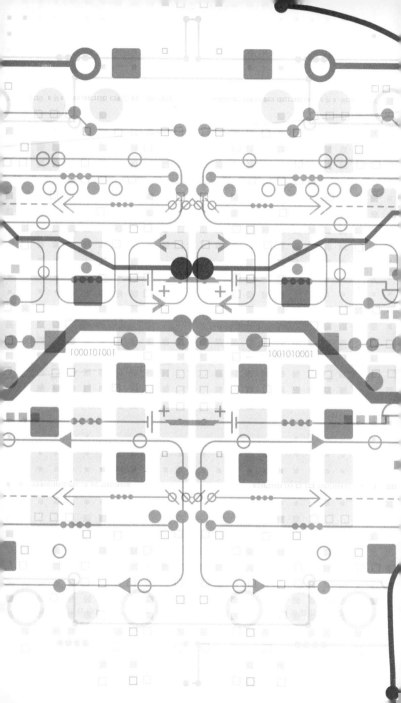

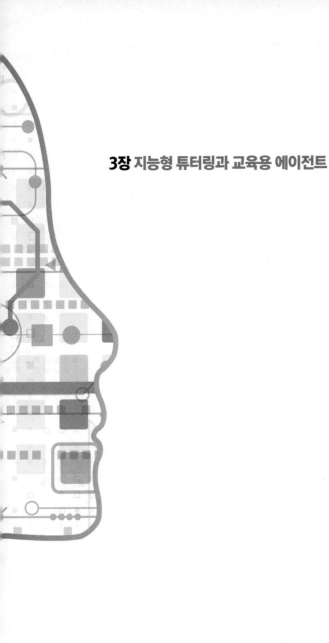

3장 지능형 튜터링과 교육용 에이전트

만약 우리가 '학습의 동반자'를 평생 갖게 된다면 그것이 필요한 이유에 대하여 스스로가 신중히 생각해볼 필요가 있다. '가상의 소크라테스'가 끊임없이 주변에서 맴돌면 말처럼 쉽게 학습 의욕이 향상되기 어렵다.

현재 우리는 로봇을 일상적으로 접하는 경우가 많지 않다. 그러나 점차 가상 비서, 인공지능 에이전트^(AI agent) 및 기타 여러 형태의 소프트웨어 '봇^(bots)'에 익숙해지고 있다. 1990년 대와 2000년대에 개인용 컴퓨터를 사용한 사람들은 마이크로소프트 오피스^(Microsoft Office) 소프트웨어를 탐색하는 데 도움을 주기 위해 가끔 튀어나오는 애니메이션 클리피^(Clippy) 종이 클립◆을 기억할 것이다.

이제는 에이전트가 식료품 쇼핑에서 세금 환급에 이르기까지 다양한 온라인 상호작용을 안내한다. 또한, 수백만 명의 사람들이 시리^(Siri), 알렉사^(Alexa) 및 기타 음성 기반 비서와 자주 상호작용한다. 이렇게 프로그래밍된 제품들은 사람들이 무엇인가를 수행할 수 있도록 특별히 고안되었다. 이러한 프로그램들이 휴가지를 추천해주거나 편지를 쓰는 데 도움을 준다면, 학습에서도 도움을 줄 수 있지 않을까?

이 장에서는 지능형 튜터링과 교육용 에이전트의 교육적 의미를 다룬다. 간단히 말해서, 지능형 튜터링 시스템은 학생들이 미리 모델링 된 학습 경로를 따라가는 정교한 소프트웨어 패키지이다. 이러한 시스템은 종종 프로그래밍된 교육용 에이전트와 결합하여 학습자가 '배움을 촉진하는 화면

◆ 오피스 97에 도입된 Office 길잡이. 영문판 정식 이름은 Clippit이나 클리피로 많은 사람이 사용하고 있다. 오피스 2003까지 살아남았으나 시도 때도 없이 튀어나오고 쓸데없는 기능을 소개하는 악명 높은 캐릭터로 유명하다. 한국판에서는 강아지 캐릭터 재롱이가 기본값으로 설정되어 있어 가장 익숙하다. (출처: 위키피디아)

상의 캐릭터'와 상호작용할 수 있도록 한다.[1] 이 분야의 초기 작업은 학습자와 온라인 학습 콘텐츠 사이의 인터페이스 역할을 하는 애니메이션 캐릭터 개발에서 파생되었다. 이후, '실제 사람처럼 보이고 행동하도록 설계한 가상 인간' 교사의 제작에 관한 관심이 높아졌다.[2]

이러한 교육용 에이전트는 지식을 설명, 시연 및 테스트할 뿐만 아니라 학습자를 안심시키거나 동기를 부여하기도 하고 의도적으로 혼동을 주는 등 다양한 기능을 한다. 어떤 교육용 에이전트는 특정 '교사' 또는 '튜터' 모습으로 프로그래밍했지만, 어떤 교육용 에이전트는 간접적인 교육적 접근 방식을 취하도록 설계했다. 전 세계 수백만 명의 사람들이 현재 이러한 교육용 에이전트를 접하고 있다.

지능형 튜터의 부상

교육용 에이전트에 관한 관심은 1960년대에 CAI(컴퓨터 보조 학습)의 등장에서 비롯되었다. 이는 AI 분야에서 인간과 구분하기 어려운 지능형 소프트웨어(소위 '튜링 테스트')를 개발하려는 오랜 야망과 관련이 있다. 초기 교육 개발자는 AI의 아이디어에서 영감을 받았고, 대화식 '컴퓨터 튜터'의 잠재력이 사람들의 관심을 끌게 되었다. 당시 AI 기반이 아닌 기초적인 컴퓨터 기술에도 불구하고, 컴퓨터 과학자들은 고대 그리스 철학자들이 묘사한 것과 유사한 학습 경험을 제공할 수 있다고 생각했다. 패트릭 주페$^{Patrick\ Suppes}$는 다음과 같이 주장했다.

> 우리는 2020년쯤이면 오래전 소크라테스가 바람직하다고 생각했던 특징을 갖춘 컴퓨터 보조 교육 과정을 가져야 한다. 플라톤의 대화 파이드로스◆의 가르침에서 말하는 것은 21세기에 사실이어야 하지만, 이제 학생과 교사 간의 친밀한 대화는 정교한 컴퓨터 튜터와 함께 수행될 것이다.[3]

컴퓨터 튜터에 대한 열광은 1960년대와 1970년대 내내 계속되었다. 1970년대 초에는 학습자에게 자료를 제시하고 질문하는 원리 중심의 다양한 튜토리얼 및 코칭 소프트웨어 시스템을 개발했다.

이러한 시스템은 학습자와 시스템 간의 상호작용을 모니터링할 수 있도록 프로그래밍한 '튜터' 요소를 기반으로 작동하며, 이후에 개입 방법과 시기를 결정했다. 1970년대에 걸쳐 AI 능력이 꾸준히 향상되면서 '지능형 CAI'가 등장했다. 여기서 한 가지 핵심 기술은 지속적인 컴퓨터 기반 튜터링을 제공할 수 있는 전문가 시스템으로 구성된 지능형 튜

◆ 파이드로스는 플라톤이 60세경에 지은 작품으로, 아름다운 강변 숲속에서 이루어지는 파이드로스와 소크라테스의 대화이다. (출처: 위키백과)

터링 시스템이었다. 지능형 튜터링 시스템의 구조는 인지 과학, 특히 인지주의 학습이론의 발달에 기반을 두고 있다. 인지주의 원리는 개인과 일련의 교육적 교류를 하는 컴퓨터 기반의 지능형 시스템 아이디어를 뒷받침한다. 지능형 시스템을 개인이 작업 중에 이상적으로 수행해야 하는 작업('도메인' 또는 '전문가 지식' 모델로 알려짐)의 모델에 응답하도록 설계했다. 개인의 실제 성과를 전문가 모델과 비교하고, 이후 오류 수정 시스템은 학습자의 행동이 예상을 벗어난 부분을 해결한다. 이러한 비교를 기반으로 시스템은 개인에게 유사한 작업(소위 '튜터 모델')에 대한 추가 과제를 안내하는 지능형 피드백을 제공한다.

현대의 많은 현대 지능형 튜터링 시스템의 설계는 이와 유사한 형태의 코칭을 활용한 문제 해결 방식을 따르고 있다.[4] 이 시스템은 작업 수행 순서에 상당한 유연성을 제공한다. 예를 들어, 많은 시스템은 숙달 접근 방식을 기반으로 하며, 개인은 주어진 작업 대부분을 숙달한 후에 다음 단계로 나아갈 수 있다.

다소 답답했던 CAI(예: 1980년대 학교에서 널리 퍼진 훈련 및 실습 소프트웨어)와 대조적으로, 지능형 튜터링 시스템은 사람들이 지시를 통해서가 아니라 '행하면서' 배우도록 돕기 위해 고안되었다. 이러한 시스템은 신뢰할 수 있고 매력적인 형태의 개인 튜터링을 제공하는 것으로 인식되었다. 소크라테스와는 비교될 수 없겠지만, 지능형 프로그램들은 더할 나위 없이 좋은 학습 경험을 제공할 수 있다.

교육용 에이전트의 첫 번째 물결

컴퓨터 그래픽, 사운드 및 인식 기능은 1990년대에 상당히 발전했다. 그 결과, 학습자와 직접 상호작용할 수 있는 소프트웨어 에이전트 형태의 정교한 인터페이스를 갖춘 튜터링 시스템을 개발하기 시작했다. 1990년대 후반에는 화면 기반 애니메이션 캐릭터의 형태를 취하는 교육용 에이전트가 우세했다. 이 교육용 에이전트는 제스처, 표정, 목소리 및 행동을 통해 사회적 단서를 제공함으로써 학습자에게 동기를 부여하도록 설계되었다. 일부 교육용 에이전트는 애니메이션 동물, 외계인 또는 로봇의 모습이지만, 대다수의 교육용 에이전트는 실제 인간의 모습을 갖도록 프로그래밍했다. 교육용 에이전트가 실제 사람처럼 말하고 행동한다는 아이디어는 오랫동안 학습자 참여와 공감을 높이는 수단으로 여겨져왔다. 한 개발 책임자는 인간과 유사한 교육용 에이전트에 훌륭한 교사가 자주 사용하는 사회적 요소를 가미했다고 말했다.[5]

정확한 교육용 에이전트를 개발하는 것은 복잡한 작업이다. '전문가 지식'과 '학습자 지식'의 정교한 수치 모델링뿐만 아니라, 교육용 에이전트의 인터페이스의 설계에는 교육용 에이전트가 '누가 될 것인가'에 관한 다양한 결정을 포함한다.[6] 교육용 에이전트의 청각적, 시각적 모습과 더불어 성격, 개성 및 감정 상태에 대한 복잡한 질문들이 있다. 교육용 에이전트는 얼마나 유능해야 하는가? 공감적이거나 권위주의적이어야 하는가? 교육용 에이전트의 나이, 성별, 민족, 개인 배경과 같은 '세부 디자인' 옵션에도 많은 관심이 쏠린다. 다른 소프트웨어 개발 영역의 캐릭터 구축과 달리, 아무리 기초적인 교사 교육용 에이전트라도 구현하기 위해서는 상당한 계획이 필요하다.

또한, 교육용 에이전트가 어떤 종류의 교수법과 접근 방식을 채택할지에 대한 다양한 결정 상황들이 발생한다. 개발자 대부분은 사용자와 기계가 추론을 공유하는 '튜터' 스타일의 교육용 에이전트를 선호하는 경향이 있다.[7] '일대일 튜터링' 스타일은 'INSPIRE'라는 말(즉, '지능적인intelligent, 자애로운nurturant, 소크라테스적인Socratic, 진보적인progressive, 간접적인indirect, 성찰적인reflective, 격려하는encouraging")에 요약되어 있다.[8] 1장에서 언급했듯이 많은 개발자는 이러한 특성으로 인해 튜터링이 대규모의 교실 수업 경험보다 훨씬 더 우수하다고 생각한다. 이 분야의 선구자 중 한 명인 아서 그래서Arthur Graesser◆는 100시간 이상의 튜터링 기술 훈련을 받지 않은 교사들의

◆ 멤피스대학교University of Memphis의 심리학 및 지능 시스템 교수이며 옥스퍼드대학교 교육 명예 연구원.(출처: 위키백과)

수업 영상을 분석함으로써 교육용 에이전트에 관한 연구를 시작했다. 이것은 '일반' 교사들이 '교육, 학습 과학 등의 분야에서 요구된 정교한 교수학습 전략을 수행하기 쉽지 않다'라는 결론으로 이어졌다.[9]

교육용 에이전트의 핵심 특징은 감각 형성 및 자율적인 행동 능력이며, 이는 단순히 프로그래밍된 응답을 전달하는 소프트웨어와 다르다.[10] 개발자들은 교육용 에이전트가 환경을 감지한 후에 대본에 있는 그대로가 아닌 자율적인 방식으로 대응할 수 있도록 AI 기술의 혁신적인 적용을 탐구하기 시작했다. 지식 표현, 계산 언어학, 기획 및 비전[vision]의 발전은 2000년대 전반에 걸쳐 교육용 에이전트가 '학습자가 알고, 느끼고, 할 수 있는 것'을 추정할 수 있는 능력을 제공하였다.[11] 또한 AI 기술은 학습자에게 이전에는 어떤 교육 방법이 효과가 있었는지 파악한 다음 그에 맞는 후속 학습을 할 수 있게 한다.

1990년대, 2000년대, 2010년대에 걸쳐 다양한 교육용 에이전트를 이러한 방식으로 개발했다. 그레서와 멤피스대학[University of Menphis]의 동료들은 우리에게 잘 알려진 오토 튜터[AutoTutor] 지능형 시스템 시리즈를 개발했다. 이들은 자연어 처리를 광범위하게 사용했으며, 대수학, 심리학 및 비판적 사고와 같은 영역에서 대화식 학습을 지원하기 위해 다양한 교수법 교육용 에이전트를 다뤘다. 일반적으로 애니메이션 형태로 제시되는 오토 튜터^Auto Tutor 교육용 에이전트는 관련 힌트와 프롬프트(소위 '기대-오해-맞춤형'대화)로 질문을 하고 오해에 대한 후속 조치를 취할 수 있다.

당시 또 다른 유명한 교육용 AI는 스티브^Steve, Soar Training Expert for Virtual Environments였다.[12] 이것은 머리, 팔, 상체로 구성된 애니메이션 교육용 에이전트로, 박식한 팀원으로 활동할 수 있도록 설계되었다. 스티브^Steve는 물리적인 작업을 시연하고 설명한 다음, 다른 팀원이 작업을 수행하는 방법을 배울 때 모니터링하고 도와준다.

스티브^Steve와 함께 코치 마이크^Coach Mike(컴퓨터 프로그램을 가르치도록 설계한 교육용 에이전트) 및 허먼^Herman(식물학 수업을 지원하는 애니메이션 곤충 형태의 교육용 에이전트)과 같이 널리 알려진 교육용 에이전트가 있다. 또한 주목할 만한 것은 보스턴 과학 박물관 방문객을 교육하기 위해 설계한 남부 캘리포니아대학^University of Southern California의 실제 인간 크기 쌍둥이 자매(Ada와 Grace)이다. 아다^Ada와 그레이스^Grace는 방문객들과 '농담'을 하기도 하고, 그들의 일상과 이성 친구에 관하여 이야기한다. 또한 가끔은 '자매간의 라이벌 양상'을 보이도록 프로그래밍되었다. 어린이와 청소년들의 관심을 끌기 위해 이러한 방식으로 특별하게 설계했다.[13]

교육용 에이전트의 최근 추세

초기 교육용 에이전트는 그 당시에는 인상적이었지만 잘해야 '좁은' 혹은 '약한' AI 기능이라고 할 수 있는 분야였다. 하지만 최근에는 컴퓨터 시각 처리, 자연어 처리 등 AI 분야의 지속적인 발전으로 교육용 에이전트들이 수혜를 보고 있다. 중요한 발전 중 하나는 학습자와 학습 환경에 대한 대용량의 데이터를 수집할 수 있게 된 것이다. 여기에는 학습자의 시선, 자세, 심지어 뇌에서 일어나는 전기적electrical 활동과 관련된 데이터를 수집한다. 지능형 교육 시스템은 이러한 데이터를 통해 학습자들이 무엇을 생각하고 어떻게 느끼는지 추론한다. 그 후 그들이 다음에 무엇을 할지 예측할 수 있게 해준다. 또한, 자연어 처리와 음성 인식 기술은 '더 자연스러운 교수·학습용 대화'를 지원할 정도로 발전했다. 알레로Alelo의 앤스킬Enskill과 같은 시스템 개발자들은 화면상으로 '진정한' 의사소통을 할 수 있는 AI 캐릭터를 보여줄 수 있을 것으로 기대하고 있다.[15]

인간의 감정과 기분을 인식하고 반응할 수 있는 교육용 에이전트는 진보를 형상화한다. 일부 개발자는 이를 각 학습자의 '특성' 및 '상태'에 맞춰 시스템을 조정하는 것으로 설명한다.[16] 교육용 에이전트들은 사람들의 감정에 민감하고 흥분, 지루함, 분노 또는 혼란을 감지할 수 있는 많은 방법을 가지고 있다. 예를 들어, 얼굴 인식, 아이 트래킹eyetracking 등 다양한 생체 인식 기술들로 생성한 데이터 사용이 증가하고 있다. 일부 교육용 에이전트는 학습자가 '좋아요, 싫어요' 버튼으로 감정을 데이터로 표현할 수 있도록 한다.

개발자들은 다양한 AI 기술들을 자신의 감정을 드러내는 교육용 에이전트 설계에 사용하고 있다. 이는 '자연스럽고 믿을 수 있는' 실제와 가까운 교육용 AI 설계에 목적이 있다.[17] 교육용 에이전트가 학습 과정에 개입하여 사람들이 일반적으로 선택한 것과 다를 수 있는 시스템 목표를 안내하도록 교육용 에이전트의 '심장, 마음, 신경'을 설계한다.[18] 실제로 온라인 캐릭터의 얼굴 반응이나 목소리 톤이 현실적이지 않을 때 학습자가 금방 집중력이 떨어지는 경향이 있다. 개발자들은 학습자의 감정에 '즉각적으로 반응하는', '감정 차원에서도 지능적인' 교육용 에이전트를 구축할 수 있는 능력에 점점 더 확신하고 있다.[19]

이러한 발전은 교육용 에이전트의 역할과 유형을 다양화하도록 하고 있다. 교육용 에이전트들은 부자연스럽고 어색한 발표나 설명을 하는 역할이 아닌 여러 가지의 섬세한 '멘토링' 접근 방식을 취하고 있다. 여기에는 냉정한 '집사butler' 역할의 교육용 에이전트, 대립적인 '경쟁자' 또는 '문제아'와 같은 다양한 형태로 의인화한 교육용 에이전트를가 포함한다.[20] 또한 학습자 스스로가 지도할 수 있는 도움이 필요한 친구 또는 가까운 동료 역할을 하는 이른바 '교육 가능한 교육용 에이전트'를 개발하는 데에도 상당한 관심이 있다. 일부 시스템은 복수의 교육용 에이전트를 사용하여 한 명의 학습자와 동시에 작업한다. 또한 교육용 에이전트 간 상호작용에 관여하고 때로는 서로 반대하거나 반박하기도 한다. 교육용 에이전트들은 심지어 학습자의 외모를 복제하도록 설계되고 있으며, 학습자가 그들 자신의 '디지털 도플갱어 digital doppelganger'를 가르치도록 설계기도 한다.[21]

새로운 세대의 교육용 에이전트들은 팀워크 지도부터 문화적 감수성 훈련에 이르기까지 다양한 주제와 지식 분야에 걸쳐 적용되고 있다. 신체 센서와 스마트 안경 기술의 발전은 소총 사격술, 야외 스포츠 등과 같은 복잡한 정신운동(psychomotor) 동작 기반 학습을 지원하는 교육용 에이전트를 개발할 수 있게 한다. 최근 개발자들은 일시적인 경험에서 끝나지 않고 개인과 평생에 걸쳐 관계를 맺는 교육용 에이전트를 설계하는 것을 야심차게 추구하고 있다.[22] 즉, 한 개인이 교육용 에이전트와 장기적으로 관계를 발전시킬 수 있고, 시스템은 개인의 학습 방법과 관련된 장기적인 변화 과정을 다룬 데이터를 축적할 수 있다. 교육용 에이전트와 평생 학습 동료로서 유대감과 신뢰를 쌓는 사람들에 대해 개발자들은 '마치 사람들과 관계 맺는 것처럼 교육용 에이전트와 지속적인 관계를 맺는다'라고 표현한다.[23]

교육용 에이전트의 잠재력과 실용성

교육용 에이전트와 지능형 튜터링의 지속적인 발전은 학습이 근본적으로 사회적 과정이라는 개념과 맞아떨어진다. 윌리엄 스와트아웃[William Swartout]◆은 "교육용 에이전트와의 학습은 실제 사람과 상호작용하는 것과 매우 유사하며, 이는 기존의 인터페이스로는 쉽게 뒷받침할 수 없는 사회적 요소를 상호작용에 포함하도록 할 수 있다"고 주장했다.[24] 사람들은 교육용 에이전트와 상호작용하는 것이 현실과 가상을 흐리게 하는 즉, '마음을 사로잡는' 경험이라고 생각한다.[25] 특히, 교육용 AI들이 '고군분투하는' 학습자와 '낮은 능력의' 학습자들에게 동기를 부여할 수 있다는 주장이 있다.[26] 지능형 튜터링 시스템은 학습 과제를 무한 반복할 수 있는 '학습자를 위한 안전한 환경'[27]으로 묘사된다.

지능형 튜터링 분야의 연구자들과 개발자들은 이러한 시스템의 효과에 대해 확신하고 있다. 하지만 아직은 일반적으로 잘 설계된 교육용 에이전트가 '학습에 작지만 중요한 영향'을 미칠 수 있다는 정도로 받아들여진다.[28] 예를 들어, 교육용 에이전트들이 어린 학습자들에게 더 효과적일 수 있고,[29] 대다수 사람은 '진지한' 교육용 에이전트가 아닌 '가벼운' 교육용 에이전트에 더 잘 반응한다. 또한, 십대 들은 또

◆ 윌리엄 스와트아웃(William Swartout)은 미국창의기술연구소(USC Institute for Creative Technologies)의 최고기술경영자(CTO)로서 연구소의 연구 프로그램에 대한 전반적인 방향을 제시하고 있다.(출처: University of Southern California)

래 교육용 에이전트보다는 전문가 교육용 에이전트와 일하는 것을 더 선호한다. 그런데도, 이러한 기술이 지속적이고 긍정적인 교육적 영향을 가져올 수 있다는 강력한 증거는 아직 제한적이다. 현재, 교육용 에이전트는 주로 비용 효율성, 편의성과 일관성 측면에서 정당화되는 경향이 있다.

지능형 튜터링 분야 바깥에서 일하는 사람들이 흔히 하는 질문은 '이러한 기술이 인간 교사들에게 어떤 영향을 미칠 수 있는가?'이다. 이에 대하여 개발자들은 그들의 제품이 인간 교사의 직업을 위협하기보다는 보완한다는 것을 강조한다. 교육용 에이전트는 다수의 학습자에게 시속적인 관심과 지원을 제공할 수 있으며, 교사들은 특별한 관심이 필요한 개별 학생에게 집중할 수 있게 한다는 주장이다.

교육용 에이전트는 학습자들의 데이터를 사용하여 학생들을 진단하고, 교실에서 무슨 일이 일어나고 있는지 파악할 수 있는 교사의 역량을 강화할 수 있을 것이다. 존슨[Johnson]과 레스터[Lester]는, '교육용 에이전트들이 학습 과정에서 인간의 역할을 보완하며, 그들을 대신하는 것으로 간주하여서는 안 된다'고 주장하였다.[30]

이러한 주장에도 불구하고, 지능형 튜터링 연구 및 개발 전반에 걸쳐 일대일 튜터들과 멘토들의 우위에 대해 유의할 것이 있다. 즉, 일부 개발자들은 전통적인 인간 교사가 학생들을 지도하는 것을 교육용 에이전트가 대체할 것으로 여긴다. 아서 그래서는 "튜터링이 교육의 첫 번째 형태라고 말할 수 있다. 아이들은 부모, 친척, 그리고 특별한 전문 기술을 가진 마을 구성원들에 의해 일대일로 훈련을 받아왔다. 이런 견습 모델은 산업 혁명과 교실 교육에 직면하기 전까지 수천 년 동안 교육 형태를 지배했다"라고 말했다.[31] 분명히, 교육용 에이전트의 현장 도입은 학교, 대학, 그리고 기타 교육 기관에서 개발한 전통적인 형태의 교수와 학습의 본질을 근본적으로 바꾸려는 야망과 관련이 있다. 이런 측면에서 더 광범위한 문제들이 다뤄질 필요가 있다. 이에 대해 아래에서 살펴보자.

부자연스러운 경험으로의 전락

우선 진실성과 경험의 깊이에 대한 문제를 탐구하고자 한다. 이 장에 설명한 모든 시스템과 교육용 에이전트는 주로 가상 교육을 말한다. 이론적으로 가상 교육용 에이전트는 비용이 저렴하다. 또한 제어와 모니터링이 쉽고, 일관적이고, 안정적인 교육을 지원할 수 있다. 가상 기술은 실제 관행과 과정의 한계를 뛰어넘을 가능성을 제공하며, 학습자들이 가상 기술 없이는 불가능했을 상황을 경험할 수 있도록 한다. 하지만 에이전트는 학습자가 경험할 수 있는 것 이상으로 학습 영역을 확장하고 이동하도록 이끄는 감각이 부족하다. 벌레와 대화하거나, 우주정거장에 살거나, 컴퓨터로 만들어진 복제본을 가르치는 것 외에도 이러한 시스템은 대부분 친숙한 '실생활' 학습 과정과 관행을 기본적으로 제공한다. 교육용 에이전트 스티브Steve는 누군가에게 선상에서 공기 압축기를 작동하는 방법을 가르쳐줄 수는 있지만, 상상할 수 없는 세계로 이끌지는 않을 것이다.

이 장에 요약한 컴퓨터 기반 튜터링의 형태는 일상적인 교육 과정과 실습의 역할이 제한되고 축소된 형태로 볼 수 있다. 여기서 핵심은 학습자가 자신의 '튜터'와 상호작용할 것으로 기대할 수 있는 것이다. 캄파넬리Campanelli와 연구자들은 가상 기술이 표방하는 강력한 상호작용 믿음에도 불구하고, 사용자에게 '무궁무진하지만 매우 제한적인 옵션'만을 제공한다고 지적했다.[32] 갑작스럽게 셰익스피어에 대해 언급한다고 해서 허먼 더 버그Herman The Bug◆가 식물 지식에 대한 16세기 예술의 영향을 반영하지 않을 것이다. 인간의 상호작용을 다소 어색하고 비슷하게 흉내 낼 수 있을 뿐이다. 10대들이 어떻게 대화에 참여하는지 혹은 누군가가 어떻게 쓴웃음을 지을지 묘사하는 것은 어렵기에 이러한 과정을 자동화하고 시뮬레이션하는 것 또한 매우 어렵다. 대부분의 지능형 시스템과 교육용 에이전트는 기본적으로 정해진 대본과 제한된 용량으로 구성된다. 이것은 교사와 가르침의 실제

◆ 디자인 중심 학습 패러다임 내에서 애니메이션 교육용 에이전트와 대화식 문제 해결을 조사하기 위한 지식 기반 학습 환경 프로젝트.(출처: Stone & Lester 1996, Lester & Stone 1997)

만남에 대한 '가상'경험이 아닌 '인공적인' 경험을 제공함으로써 가상 기술과의 상호작용 중 일부가 단절된 실망스러운 경험을 만들 수 있다.[33]

이러한 시스템은 이미 만들어진 프롬프트(운영 체제에서 사용자에게 보내지는 메시지)와 사전에 프로그래밍된 것에만 응답할 수 있도록 학습자의 학습 능력을 감소시킨다. 복잡한 지능형 시스템도 기본적으로 폐쇄적인 형태의 반복적 훈련을 통해서 만들어진다.

이러한 지능형 시스템들이 다양한 협업 활동을 하는 것이 가능하다는 주장도 있지만, 지능형 시스템들은 효율적이며 반복적인 방식으로 학습을 이끌어간다. 지능형 튜터링에서 이상적인 학생이란 발전하기 위해 지능형 시스템의 기대와 요구 사항에 스스로 적응할 수 있는 사람이다. 많은 학습자가 교육용 에이전트와의 상호작용을 '게임'처럼 생각할 수 있다. 즉, '올바른' 결과를 도출하기 위해 전략적이고 계산된 방법으로 과제를 수행할 것이다.

교육용 에이전트가 주도하는 대부분의 교육은 복잡하고 다양하며, 창의적인 방식을 보인다. 하지만 결국은 시스템을 이해하거나 '알고리즘 숙달' 방식인 코드화된 것을 해석하고 작업하는 것이다. 교육용 에이전트를 통해 가장 효과적인 학습 유형이 과연 무엇인가에 대한 문제가 제기되고 있다. 심지어, 가장 친숙한 방식으로 구현될 수 있는 교육용 에이전트 시스템도 정확한 정보 전달과 행동을 습관화시키는 것에 지나지 않는다고 말할 수 있다. 오드리 워터스$^{Audrey\ Watters}$가 말했듯이 이러한 기술들은 '사용자들을 조종하면서 영향력을 끼치고, 특정한 행위나 행동을 장려하고, 일종의 중독 또는 조건부 반응을 구축하는' 원칙에 기초하고 있다.[34] 이는 기술 개발의 일부 유형에는 적절할 수 있지만 이해, 지식, 감정 형성 등의 다양한 부분을 육성하기에는 제한된 수단이라고 볼 수 있다.

학습자의 행동을 조정하는 것

AI를 중심으로 교육을 자동화하려는 대부분의 움직임과 마찬가지로, 모든 지능형 튜터링 시스템 또는 교육용 에이전트는 본질적으로 학습자의 행동 관리에 초점을 맞춘 형태이다. 흔히들 이러한 사람들의 의사결정과 행동을 '넛지'한다^{nudging}고 칭한다. 이러한 접근은 '행동경제학' 분야에서 유래한 것으로 사람들은 비합리적인 방식으로 행동하며 최선의 이익을 고려하지 않는 잘못된 결정을 내린다는 기본적인 믿음과 관련이 있다.[35]

이러한 접근은 일상생활의 많은 부분에서 개인의 본능, 감정, 충동, 그리고 발전된 문화적인 관습에 영향을 미치는 선택의 심리학을 효과적으로 다루는 방법들을 제시한다. 이러한 특성들을 모니터링하고 연구함으로써, 지능형 튜터링 시스템과 교육용 에이전트가 미래의 의사결정과 행동을 관리하는 수단으로 여겨질 수 있다.

'넛지' 사고방식은 교육용 에이전트와 AI를 기반으로 하는 다른 시스템의 지속적인 사용을 정당화하기 위해 점점 더 많이 사용하고 있다. 실제로, 넛지는 상업 광고에서부터 도시 디자인과 공중 보건 정책에 이르기까지 현대 생활의 많은 측면에서 개인의 자율성과 자제력을 지키며 사람들이 하는 일에 개입한다. 데이터 기반의 자율적인 규제에 관한 관심이 증가하는 것은 학습 개선을 위한 신자유주의적 접근을 의미한다. 즉, 성공적인 학습 참여는 개인의 선택과 자유에서 비롯되며, 개인이야말로 교육적 개선의 주요 원천으로 간주한다. 지능형 CAI는 이러한 넛지 사고방식이 드러나기 훨씬 이전에 등장했지만, 현 세대의 교육용 에이전트는 바로 이러한 노선을 따라 구현되고 있다.

이 접근은 개인을 초점에 두고 정서적인 것을 지향하는 교육에 내포된 여러 가지 문제를 제기한다. 먼저, 사람들이 항상 주체성을 발휘하며 행동하는 것은 아니며 적절한 피드백만 주어진다면 그들의 행동을 바꾼다는 것이다. 예를 들어, 한 사람의 '상태'와 '특성'은 온전히 자기 결정적인 것은 아니며, 항상 현재와 관련이 있는 것도 아니다. 교육용 에이전트의 어떤 피드백이 의미가 없어지는 상황(화가 나거나, 주의가 산만한 상태)이 되기까지 너무나 많은 경우의 수들이 있다. 학습 성과를 개선하기 위한 개인의 책임이 커짐에 따라, 개선이 이루어지지 않을 때 자기 책임의 위험도 커진다. 이러한 방식으로 학습하는 것은 일부 개인이 효과적으로 참여하고 발전하는 것을 방해할 수 있는 많은 구조적 문제를 간과할 수 있다. 학습이란 개인이 모든 과정에 대해 궁극적인 통제력을 가지는 단순한 과정이 아니다.

또한, 프롬프트와 지침을 제공해주는 교육용 에이전트에 의존하는 것이 반드시 학습자의 주체적인 의사결정능력을 더 강하게 만드는 것은 아니다. 닉 시버$^{Nick Seaver}$는 알고리즘 추천 시스템이 사람들에게 그 시스템을 자주 또는 오래 사용하게 하려는 장치이며, 다음 단계로 나아가게 하는 메시지가 아니라 '함정'이라고 표현했다.[36] 마찬가지로, 기계가 무엇을 해야 하는지를 안내해주는 학습은 일부 사람들이 앞으로의 학습에 관해 수동적인 태도를 갖도록 한다. 누군가의 본능을 자극하고 넛지하는 것은 몇몇 사람들에게 그들 스스로 생각하는 것을 저해하며 퇴행하게 하는 경험일 수 있다. 결과적으로 큰 도움이 되지 않을 수도 있는 평생 교육용 에이전트에 대한 지속적인 관심이 필요하다.

로봇 교사의 윤리적인 딜레마

교육용 에이전트는 2장에서 다룬 것과 같은 유사한 윤리적인 문제를 제기한다. 어린 학습자들이 교사를 가장한 화면

속 교육용 에이전트들과 사회적 유대감을 형성하도록 하고, 감정적 관계를 맺게 하는 것은 분명 누군가를 속이는 것이다. 정서적인 관점에서 이는 여러 가지 윤리적인 문제들을 일으킬 수 있다. 특히, 개인적인 감정과 내면의 심리를 소유할 수 있다는 문제를 이제는 대중의 관심과 공공의 재산의 관점에서 초점을 맞추어야 한다.

또한, 교사의 관심을 특정 학생에게 집중시키기 위해 교실에 교육용 에이전트를 놓아야 한다는 발상은 교육에서 다양한 형태의 AI 사용과 관련된 윤리적 문제를 제기한다. 자율주행차와 드론 등의 분야에서의 논쟁에서 알 수 있듯이, 자율적인 결정은 논리와 결과에 따라 의미가 달라진다. 이른바 '자율주행의 윤리적 딜레마' 사고실험에서 잘 설명되는데, 이 실험에서는 자율주행차가 바쁘게 횡단하는 보행자 중 어느 승객과 충돌할지를 놓고 막판 결정을 내려야 하는 여러 상황을 묘사하고 있다. 모든 기계 기반 행동은 사용자와 비사용자에게 결과와 부작용을 수반한다. 어떤 사람들은 다른 사람들보다 더 많은 이익을 얻게 되기도 한다.

그렇다면, 교실 속의 평범한 결정 중에서 이러한 윤리적 딜레마와 비슷한 것은 무엇일까? 이 딜레마에 근거한 몇 가지 시나리오들을 상상해보자: '교육용 에이전트는 담임 교사에게 어떤 학생들을 돕도록 지시할까?'

질문: 지능형 시스템은 누구에게 먼저 도움을 주라고 말할까?

학생1: 학교에 거의 가지 않고 낙제할 것으로 예측되는 어려움을 겪는 학생

학생2: 높은 수준의 성취도를 가진 학생

질문: 각각의 학생을 선택하는 것에는 어떤 논리가 있을까?

학생1: 대부분의 학습에서 헤매고 있는 학생

학생2: 독립적으로 잘 학습하는 학생

만약 후자의 학생이 눈물을 흘린다면? 또한 교사가 편안하게 쉴 수 있도록 돕는 세 번째 선택지가 있을 것이다. 그렇다면, 그 교육용 에이전트는 도움이 필요한 학생들을 무시하고 지친 교사에게 충분한 에너지를 충전하고 여유를 되찾기 위한 휴식 시간을 갖도록 해야 할까?

이러한 윤리적 딜레마는 교육 현장에서 볼 수 있는 자동화된 의사결정의 한계를 바로 보여준다. 흥미롭게도, 대부분의 교사는 교육적인 딜레마에 참여하도록 요구를 받으면 빠르게 좌절하는 모습을 보였다. 교사들은 이러한 시나리오들이 다소 지나치게 단순화했다고 지적한다. 정보에 기반한 결정을 내리기 위해 알아야 할 다양한 요소들이 있다. 특히, 알

고리즘 설계 딜레마에 포함되지 않은 모든 요인은 실제 교실에서 적합하다고 여겨질 수 있다. 교사가 교실에서 어느 한순간에 누구를 돕기로 선택하는가는 직관, 학생에 대한 폭넓은 경험적 이해, 그리고 수업 중에 일어날 수 있는 일에 대한 일반적인 '감각'에 근거한 순간의 판단일 것이다.

교사들이 전문적으로 배운 방법을 따르지 않고, 직감을 따르도록 하는 수많은 요소가 있다. 이러한 '딜레마'는 인간 교사라면 누구나 매일 수백 번씩 접하게 될 것이다. 그리고, 그들의 반응은 시간이 지남에 따라 축적된 경험을 바탕으로 이루어질 것이다. 비슷한 상황에 처한 또 다른 교사들이 '해야 할 일'을 모든 교사가 따라야 할 일련의 규칙으로 정하기도 어려울 뿐 아니라 기록하기도 쉽지 않다.

결론

이런 비판에도 불구하고, 교육용 에이전트와 지능형 튜터링 시스템은 특정 조건과 맥락에서 잘 작동하는 정교한 기술이다. 그러나, 지능형 튜터들과 교육용 에이전트들이 학교 시스템이나 다양한 직업 인력을 광범위하게 가르칠 수 있을지에 대한 문제는 다소 복잡하다. 이 기술들은 확실히 모든 종류의 가르치는 상황과 학습에 알맞게 들어맞는 것 같지 않다.

실제로, 미국의 지능형 튜터 개발은 군사 및 산업 자금 지원으로 강력하게 추진되고 있으며, 이 장에서 제기한 우려 중 일부와는 관련성이 적다. 예를 들어, 내면의 정서적 프라이버시나 실패에 대한 자기 책임의 문제는 어린 학생들과 군인들에게 다르게 적용될 수 있다.

지능형 튜터링이 교육 시스템 전반에 걸쳐 추진될 수 있다는 제안을 심각하게 받아들여야 한다. 만약 우리가 '학습의 동반자'를 평생 갖게 된다면 그것이 필요한 이유에 대하여 스스로가 신중히 생각해볼 필요가 있다. '가상의 소크라테스'가 끊임없이 주변에서 맴도는 것은 말처럼 쉽게 학습 의욕을 향상시키기 어렵다.

이제 우리의 관심을 또 다른 기술로 옮겨야 할 때이다. 2장과 3장은 대안 '교사'로 설정된 기술들을 고려했다. 교육용 에이전트나 로봇 교사는 분명히 인간 교사와 동등한 완전한 형태를 갖춘 교사로서 자리매김하고 있다. 그러나 AI를 교육에 널리 사용하는 이유는 아마도 '드러나지 않은 이면에서' 작동한다는 취지일 것이다. 다음 장에서는, 이전에 인간 교사가 지시했을 특정 절차 및 관행을 자동화하기 위해 교육 환경에 현재 도입하고 있는 다양한 AI 기반 기술을 살펴볼 것이다. 4장에서 계속 논의하겠지만 다양한 AI 기반 기술은 이제 학생 질문, 교육 활동 계획, 과제 평가, 수업 참여 유도 및 교육 기회 제공 등을 다룬다. 전체적으로 볼 때, 이러한 기술은 전문적으로 훈련된 교사의 필요성에 대한 의

구심을 품는 것에서 출발했다. 적어도, 현재 이러한 기술과
함께 일하고 있는 사람들을 여전히 '교사'로 간주해야 하는
지에 대한 의문을 제기한다.

토론 주제

1. 교육용 에이전트의 가장 효과적인 형태에 대하여 토론해 봅시다.

2. 피지컬 로봇과 지능형 튜터링의 교육적 활용의 장·단점을 대비하여 함께 토론해 봅시다.

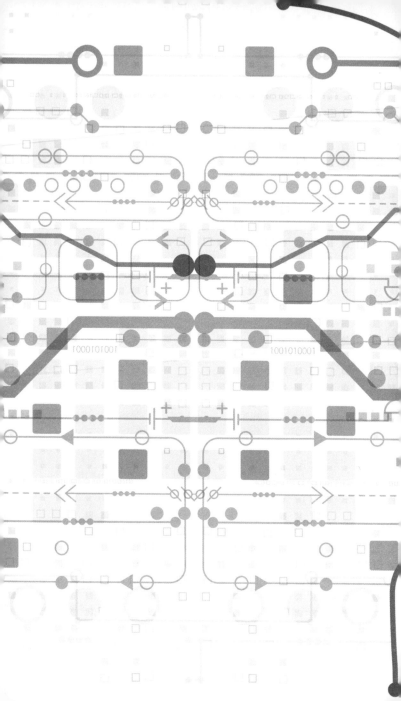

4장 드러나지 않은 이면의 기술들

자동화되는 것의 많은 부분이 실제로 교사라는 직업에 있어서 중요한 부분이라는 점이다. 교사의 하루에서 겉보기에 별것 아닌 일이 사실 더 생산적인 일일 수 있다. … 이러한 업무를 기계에 위임하는 것은 교사의 전문성을 높이기보다는 교사의 전반적인 업무를 해친다고 볼 수 있다.

대부분의 사람들은 아마 교육용 에이전트와 피지컬 로봇을 '교사 역할의 일부를 대체하는 로봇'이라고 생각할 것이다. 이와 대조적으로, 이 장에서는 인간 교사의 작업 영역을 수행하도록 설계한 드러나지 않은 이면의 AI 기술을 탐구한다. 여기에는 개별화 학습, 학습 분석 및 빠르게 성장하는 학습 과학 영역의 발전을 포함한다. 또한, 이 기술에 대하여 주목할 만한 것은 학생들에게 조언을 제공하고, 평가하며, 수업을 계획하고, 심지어 교사에게 무엇을 말하고 해야 하는지를 알려주는 행정과 관련된 기술들이다. 종합해서 보면, 컴퓨터는 이전에는 교사들의 일상적인 요소라고 여겨지던 의사결정과 행동들에 점점 더 관여하고 있다.

이 기술들이 혁신적으로 보일 수 있지만, 그 역사는 20세기로 거슬러 올라간다. 예를 들어, 1920년대 이후 학교에 도입한 프로그래밍된 교육 기술과 분명한 유사점이 있다. 프로그래밍 된 교수 기술의 초기 사례는 객관식 기계multiple-choice machines와 학습자가 화학 약품 면봉으로 답을 확인하는 화학 시트chemo-sheet가 있었다. 이러한 기술들 중 가장 유명한 것은 아마 1950년대와 1960년대의 티칭 머신Teaching Machines이었을 것이다. 이것은 학습 프로세스를 일련의 매우 작은 단계들로 나누는 자동화된 데스크탑 박스였는데, 각 단계의 목표 달

◆ 특정 행동이 일어난 바로 다음 강화를 제공하여 그 행동의 확률과 빈도를 높이는 방법

성을 위한 정적 강화◆는 수반되지 않았다. 심리학자 스키너[B.
F. Skinner](교육용 기계 선구자 중 한 명)는 "교실이 부엌보다 덜 기
계화되어야 할 이유는 없다"고 말했다.[1]

학습자를 가르치는 것에 부담을 덜어주려는 이러한 시도
들과 함께 오랫동안 관료적이며 행정적인 교육의 요소들을
지원하기 위해 자동화된 기술을 개발하였다. 1920년대의 프
레스 테스트 머신[Pressey Testing Machine]■과 같은 발명품들은 교사
들을 많은 행정적이고 조직적인 측면의 고된 업무로부터 해
방시켜준 것에 대해 찬사를 받았다.[2] 이러한 초기의 디지털
기계들은 기초적인 아날로그 메커니즘에 의존했다. 교육 관
련 자동화 시도에 의해 제기된 문제들 중 일부는 오늘날의
AI 기반 디지털 기술들이 교사의 역할과 지위에 미치는 많
은 함축적 의미를 지닌다.

현대 교육의 디지털 자동화

화학 면봉과 펀치카드[punch-cards]와 같은 초기 기술과 달리,
현재 자동화 교실 기술의 물결은 디지털로 뒤덮인 현대 교
육 프로그램의 특성을 반영한다. 예를 들어, 개인이 디지털
기기(스마트폰, 태블릿 및 노트북)를 모두 가지고 있는 것은 학
생과 교사가 언제든지 적어도 하나의 개인기기에 액세스할

◆ 특정 행동이 일어난 바로 다음 강화를 제공하여 그 행동의 확률과 빈도를 높
이는 방법.
■ 1920년대 Sidney L. Pressey가 개발한 학생 관리 기계

수 있는 '1대1' 액세스를 제공한다. 이를 통해, 교육 기관은 모든 것을 아우르는 학습 관리 시스템(LMS)과 같은 대규모 플랫폼을 통해 운영된다. 학생들과 교사들은 소셜 미디어, 애플리케이션, 그리고 다른 온라인 서비스를 자주 이용하고 있다. 결정적으로, 이러한 모든 기술은 대량의 데이터를 지속적으로 생성하고 처리할 수 있도록 한다. 이 데이터는 학생과 교사 각각의 행동에서부터 교육기관의 운영 과정과 성과에 이르기까지 교육 대부분의 측면과 관련이 있다. 이러한 데이터 중 일부는 의도적으로 분석을 목적으로 생성되지만, 학교 시스템, 개인 기기, 다른 기술들로부터 자연적으로 발생하는 데이터의 양도 방대하다.

이전 장에서 논의한 바와 같이, 교육 데이터의 규모와 범위는 정교한 형태의 자동화로부터 기인한다. 실제로 학교와 대학은 디지털 기술 사용을 통해 생성한 방대한 양의 세부 데이터를 중심으로 꾸준히 변화하고 있다. 또한, 교육자들은 현재 존재하는 광범위한 데이터 유형 및 출처와 더불어 데이터의 생산, 처리 속도 및 유연성을 매우 반긴다.[3] 이전 장(기계 학습 기술 및 자연어 처리 등)에 요약한 데이터 생성 및 처리 형태의 발전과 함께, 이전에 인간이 주도했던 과정, 관행 및 작업들이 데이터 중심 자동화 기술로 변하고 있다. 전반적으로, 데이터 기반 디지털 기술은 현재 교사들에게 요구되는 많은 것들을 처리하고 있다. 여기에는 다음 네 가지 유형의 응용 프로그램이 있다.

개인 맞춤형 학습 시스템

첫째, 온라인 학습 자료와 함께 학생들의 참여를 유도하는 개별 맞춤형 학습 시스템의 성장이다. 이 소프트웨어는 학습자의 이전 성과를 고려하여 다음 학습 자료를 제시한다. 3장에서 설명한 교육용 에이전트는 하나의 지능형 튜터링 시스템 내에서 작동하는 반면, 개별 맞춤형 학습 시스템은 다양한 온라인 학습 프로그램의 제공을 통해 학습 방법을 안내하도록 설계되었다. 이 논리의 한가지 주목할 만한 예는 뉴턴Knewton◆ '적응 학습 시스템'이다. 이 시스템은 대규모 데이터 기법을 사용하여 학생이 배워야 하는 온라인 학습의 특정 부분을 계산해주는 추천 시스템이다. 학생이 뉴턴 시스템에 로그인하면 플랫폼 데이터 엔진이 개인과 컴퓨터의 모든 상호 작용을 모니터한다. 이 데이터를 학습자의 동기 및 숙련도, 학습 유형의 평가 등 학습자 수행의 다양한 측면을 모델링하는 데 사용한다. 학습 데이터를 학생이 다음에 사용해야 할 가장 적절한 학습 자료를 추천하기 위해 사용한다. 알려진 바에 따르면 1인당 백만 개 이상의 데이터가 있고, 학습자는 방대한 양의 데이터로부터 정보를 얻는다. 뉴

◆ Knewton은 교육 컨텐츠를 개인화하는 플랫폼을 개발하고 과학, 기술, 공학 및 수학 분야에 집중된 고등 교육용 코스웨어를 개발한 적응형 학습 회사이다.(출처: 위키백과)

로봇은 교사를 대체할 것인가?

106

턴은 실제 교사가 개인의 학습에 대해 아는 것보다 더 많은 정보를 제공해준다.

이러한 데이터 기반 맞춤형 시스템은 주로 학교에서 이루어지는 학습을 보완한다. 예를 들어, 중국의 교육업체 '이쒜Chinese YiXue Corporation'는 1500개가 넘는 맞춤형 학습센터를 설립했는데, 이 센터는 학생들이 그들만의 AI 기반 맞춤형 학습 시스템을 방과 전, 후에 사용할 수 있다. 추가 요금을 지불하면 온라인 튜터나 개인 튜터의 추가 지원 옵션을 제공한다. 이쒜YiXue 플랫폼은 각 학생들이 따라야 할 과정을 결정해주는 데에 자연어 처리 및 감성 감지 기술을 효과적으로 사용한다. 이 플랫폼은 해마다 열리는 어려운 가오카오대학Gaokao university 입학 시험에서 경험 많은 교사들에게 지도받은 학생들보다 플랫폼을 활용하는 학생들이 더 우수한 점수를 얻는 결과를 낳는다고 추정했다. 경쟁이 치열한 중국 교육 시장에서, 이 점은 자녀들이 우수한 성적을 거두기를 원하는 학부모들에게 주요한 판매 포인트가 되고 있다.

학습 분석의 적용

뉴턴Knewton과 이쒜YiXue와 같은 시스템은 지난 10여 년 동안 나타난 학습 분석 및 교육 데이터 마이닝data-mining 영역과 밀접한 관련이 있다. 개발자는 학생, 교사 및 직접적인 교육적인 맥락과 관련된 데이터를 이해하기 위해 컴퓨터 과학 및 데이터 과학 기법을 적용하는 데 주로 관심이 있다.[4] 특히, 디지털 데이터를 사용하여 학생, 교사 및 기관이 교육 및 학습에 관해 정보를 기반으로 결정을 내리는 것에 관심을 갖는다.[5] 이는 학습 관리 시스템, 정보 관리 시스템, 학생 피드백, 출석 데이터, 위치 추적 및 기타 데이터 생성 소스 등에서 발생하는 데이터의 활용과 관련이 있다. 따라서 학습 분석은 데이터 시각화, 데이터 통합, 예측 모델링 및 교실 편성과 관련된 도구와 기술의 개발에 중점을 둔다.

많은 형태의 학습 분석은 현재 학교와 대학에서 학생들이 다음 학습을 계획할 수 있도록 학생 성취도에 대한 분석과 이해를 제공하기 위해 사용되고 있다. 이것은 종종 학생들의 수행 정도를 요약하고 다른 학습자들과 비교해주며, 개선이 필요한 부분을 알려주는 등 간단한 그래프, 차트와 같은 대시보드와 다양한 시각자료의 형태로 제공한다. 학생의 성취를 위한 정교한 시스템은 학생 성과를 예측하기 위해서 학습 과정과 학생, 교사와의 온라인 상호작용 및 최종 평가 결과에 대한 데이터를 사용한다. 이러한 시스템은 학생들의 성적 미달과 정체에 영향을 미치는 요인들에 대한 진단도 제공한다. 다중모달 분석multimodal analytics◆은 교사와 학생이 교실에서 어떻게 움직이는지 추적하면서 소음 수준도 측정한다. 또한, 교실 상호 작용이 어떻게 더 원활하게 이루어질 수 있는지 대한 이해를 제공하기 위해 교실을 모니터링한다.[6] 다중모달 분석은 개별 학생과 교사의 행동을 안내할 뿐만 아니라 학교와 대학이 전략적 관리와 계획과 관련된 정보를 알려주는 '비즈니스 인텔리전스business intelligence'■를 제공할 수 있다.

안내하고 알려주는 챗봇

지금까지 살펴본 교육 및 학습 시스템 자동화뿐만 아니라 교사와 학생 간 일반적인 상호작용의 자동화를 위한 노력도 진행하고 있다. 특히, 많은 대학이 학생들의 질문을 해결하기 위해 대화형 시스템과 대화용 인공지능('챗봇'으로 알려진)의 사용을 탐구하기 시작했다. 3장에서 논의한 교육용 에이전트와는 대조적으로, 이러한 봇bots은 학업과 직접적으로 관련이 없는 질의와 상호작용을 처리해야 하는 교직원의 부담을 덜어주기 위한 것이다. 예를 들어, 왓슨(IBM Watson, 질문에 답하도록 설계한 AI 스피커)●은 조지아 공대 대학원 과정Georgia Tech postgraduate courses에서 자동화된 질의응답 튜터로 사용해왔다. 초기 시범 때는, 학생들이 아홉 명의 온라인 선생님들과 대화하는 것을 선택할 수 있었는데, 그 중 하나는 질 왓슨Jill Watson이라는 이름의 챗봇이었다. 이 시스템은 토론에

◆ 다양한 형태의 데이터를 입력 데이터로 사용한다는 의미이다. 즉, 이미지 데이터와 음성 데이터를 동시에 사용한다는 뜻이다.

■ 기업 차원에서 생성된 데이터를 모으고, 저장하고, 분석하는 절차적이고 기술적인 인프라를 말한다.(출처 : https://www.investopedia.com/terms/b/business-intelligence-bi.asp)

● 자연어 형식으로 된 질문에 대답하도록 설계된 AI 컴퓨터 시스템.

관한 말뭉치 데이터를 학습했으며, 질문에 대해 97%(또는 그 이상) 자신이 있는 경우에만 응답할 수 있었다. 시스템이 응답할 수 없는 질문은 인간 강사에게 전달했다. 학생들은 질jill에게 수업 일정, 과제 마감일, 기타 행정 요청과 관련된 질문을 계속했다. 알려진 바에 따르면, 학생들은 질jill의 신속한 대응에 약간의 의심을 했지만, 학기 말까지 질이 챗봇인지 아닌지의 여부를 간파하지 못했다고 한다.[7]

마찬가지로, 호주의 디킨대학교Deakin University는 왓슨을 캠퍼스 관련 문제에 대한 질문을 받는 용도로 챗봇을 사용해 왔다. 이 소프트웨어는 일주일에 약 1600개의 질문을 받는다. 보통 '같은 과정의 다른 학생들을 어떻게 만나야 하나요?', '캠퍼스 안에서 어디서 음식을 살 수 있나요?', 'OO수업 시험이 언제입니까?', '도서관이 어디죠?'와 같은 질문이다. 자연어 처리 시스템은 데이터로 훈련을 할 뿐만 아니라 근거에 기반한 답변을 생성하기 위해 대학 웹사이트를 탐색한다.

대학은 학생들이 이 서비스에 만족하고 있다고 보고했다. 실제로, 베를린 공과대학Technical University of Berlin의 비슷한 실험에서 학생들이 대학에서 제공하는 표준 온라인 도움말 시스템보다 자연어 챗봇을 사용하는 것이 새 학기 준비 시간을 절반으로 줄여준다는 것을 발견했다.

자동화된 에세이 채점 시스템

교육 자동화의 또 다른 예는 자동 논술 평가 영역인 이른바 '로보 그레이딩robo-grading'이다. 컴퓨터를 객관식 시험을 자동으로 채점하는 데 오랫동안 사용해왔지만, 개발자들은 이제 AI 기술이 필기 답안을 정확하게 채점할 수 있다고 생각한다. 기계 학습을 사용하여 과거 인간이 채점했던 에세이의 대량 말뭉치를 처리함으로써, 쓰여진 글의 다양한 특징 인식을 통해 에세이를 평가하는 방법을 학습한다. 이것은 스펠링과 문법의 정확성, 에세이의 주제, 문장 구조, 일관된 주장, 그리고 단어 선택의 복잡한 패턴 매칭까지 범위가 다양하다. 에세이는 신뢰도 등급에 따라 자동 채점되며 낮은 등급이거나 경계선 등급으로 표시된 에세이는 인간 채점자에 의해 재평가될 수 있다.

개발자들은 채점 시스템이 학교와 대학에서 도와주는 역할을 많이 수행한다고 여긴다. 해당 AI 기술은 독해력 향상을 위해 쓰기 실력에 대한 형성적 피드백 제공을 포함한다.[8] 가장 주목할 만한 것으로, 이 시스템은 현재 전 세계적으로 대량 표준화된 중대한 시험의 보급률이 증가하고 있다는 점이다. 세계에서 가장 큰 교육 회사 중 하나인 피어슨Pearson은 그들이 매년 미국 주와 국가의 중대한 시험에서 약 3400만명의 에세이를 자동으로 채점한다고 추정한다. 이는 100개의 다양한 특징을 파악하여 에세이를 평가하는 기계 학습 방식에 주로 의존한다. 이 시스템이 창의적인 것과 예술에 대한 글쓰기는 판단하지 않지만, 개발자들은 과거의 인간 교사들이 했던 일을 정확히 수행한다고 추론했다. 토비아 스미스Tovia Smith는 "전통주의자들은 그런 정형화된 글쓰기에 반대하겠지만, 컴퓨터는 좋은 글쓰기가 무엇인지 교사로부터 배우고, 그것을 반영할 뿐"이라고 했다.[9]

자동화된 교육 소프트웨어의 잠재력과 실용성

이러한 예는 AI 기반 기술이 현재 담당하고 있는 교육 작업의 다양성을 강조한다. 본질적으로 이런 모든 작업들은 이전에 교육 전문가의 전유물이었던 것들이다. 이제 이 기술들은 인간 교사가 결코 달성할 수 없는 속도와 규모로 작업을 수행할 것을 보장한다. 다양한 기술로부터 발생하는 간단한 질문들이 있다. 교육 전문가는 이제 무엇을 해야 하는가? 가까운 미래에 값비싼 훈련을 받은 전문 인간 교사가 계속 필요한 이유는 무엇인가?

기술의 발전에도 불구하고, 교육에서 인간의 관리가 완전히 사라지기 바라는 사람은 없다. 방금 설명한 모든 기술에는 튜터, 멘토 및 기타 교실 관리자에 의해 어느 정도의 지식이 제공된다. 실제로, 이러한 시스템들 중 일부는 전문적인 교사의 지위를 위협하기보다는 향상시키는 것으로 정당화되고 있다. 이런 점에서, 기술과 시스템이 교사들에게 환영받을 만한 많은 실질적인 이유들이 있다. 교사들이 분명히 많은 업무로 인해 스트레스를 받고 있고, 모든 학생들에게 항상 최고 수준의 지원을 제공하는 것은 점점 더 어려워지고 있다. 누가 더 많은 시간을 일하고 싶어 하겠는가? 의사결정에 있어 더 많은 정보와 지원을 원하지 않는 사람이 누가 있겠는가? 누가 일상적인 일의 부담에서 벗어나고 싶지 않겠는가?

2장과 3장에서 다루는 피지컬 로봇 및 교육용 에이전트와 마찬가지로, 이 장에서 설명하고 있는 많은 기술들은 교사들이 해야 할 본질적인 업무보다는 보조적인 업무를 수행하는 것으로 설명된다. 테크놀로지가 교사를 대체한다기보다 업무를 경감시켜준다는 생각은 새로운 이야기는 아니다. 앞서 설명한 1950년대의 '티칭 머신Teaching machine' 조차도 교사들의 업무를 적절하게 덜어주는 방법으로 쓰여졌다. 스키너 Skinner는 다음과 같이 주장했다. "기계가 교사를 대신할 것인가? 오히려 그것들은 시간과 노동력을 절약하기 위해 교사들이 사용하는 장비일 뿐이다."[10] 그러한 주장은 오늘날에도 계속 제기되고 있다. 예를 들어, 학습 분석 프로그램은 교사에게 '개념적 외골격conceptual exoskeleton'일 수 있다고 주장한다. 즉, 이것은 무거운 짐을 효과적으로 옮기는 것과 같은 수단이며 교사의 노력을 더 많은 학습자들에게 전달할 수 있다. 아벨라르도 파르도Abelardo Pardo는 "착용형 로봇이 공장에서 일하는 근로자들에게 극도로 무거운 물체를 다룰 때 단단한 뼈대를 제공해주는 것과 같이 교수자의 전문·지식도 기술에 의해 향상될 수 있다"고 말했다.[11]

기술적으로 능력이 증강된 교사는 상당히 매력적으로 보인다. 이러한 변화는 교사들과 교육계에 많은 영향을 미친다. 여기서 고려해야 할 한 가지 문제는 전문가의 의사결정을 요구하지 않는 '교사가 배제한 교실 프로세스'가 증가하는 추세이다. 예를 들어, 아무리 친절한 교사로 보일지라도, 이러한 기술들은 직접적이고 지시적인 방식을 취한다. 다시 말해서, 기술들은 결정을 내리고 학습자와 교사들을 위한 명확한 지침을 제공하도록 고안되었다. 실제로, 개별화 및 적응형 학습의 주된 핵심 판매 포인트 중 하나는 비전문가 교사도 학습자를 지도할 수 있도록 안내하는 능력이다.

이 시스템은 3장에서 논의한 교육용 에이전트의 적용과 유사하게 교육과 관련된 판단을 내리도록 설계한 교육용 에이전트 시스템이다. 이 기술을 통해 교사는 결정을 내리는 데 도움을 받을 것이다. 이런 점을 고려할 때 어떤 사람들은 '교사'라는 직업이 일반 직종인 '감독관'이나 '기술자'처럼 될 수도 있다고 주장한다. 또한, 고경력 교사들의 교육과정 계획, 교수학습 설계 및 학습의 어려움 진단과 같은 분야를 조직하고 관리하는 능력이 더이상 필요하지 않을 수도 있다. 그렇다면, 이것은 정말 좋은 것이라고 할 수 있을까? 여기서 우리는 데이터의 투명성, 개별화되고 개인화된 학습의 공정성, 그리고 노동의 정치학 등 여러 측면에서 이러한 기술에 담긴 많은 논점을 제기할 수 있다.

데이터에게 책임을 묻다

첫 번째는 이러한 데이터 기반 기술date-driven technologies의 밑바탕이 되는 데이터와 이 기술로 수행하는 작업의 적절성에 대한 질문이다. 여기서 핵심은 데이터 투명성과 견고성의 문제이다. 예를 들어, 이 데이터는 얼마나 대표성을 가지는지, 얼마나 일반화시킬 수 있는지, 교육과 교수 그리고 학습의 사회적, 문화적 측면에서 말해주지 않는 것은 무엇인지 등의 질문을 제기할 수 있다. 이 질문들은 모두 이러한 시스템이 측정하고 계산하는 것에 대한 우려를 나타낸다. 이러한 우려를 뒷받침하는 것은 데이터를 중심으로 교실과 학교를 재배치하는 것에 대한 불확실성이다. 빅데이터의 위력과 관계없이 교실은 감시, 조작할 수 있도록 제어할 수 있는 변수에 기반한 폐쇄적이고 계산 가능한 공간이 아니다. 교실에서 일어나는 일들은 쉽게 관찰하거나 수치화할 수 없고 복잡하게 얽혀 있다. 학생들은 명확하게 묘사되고 설명되지 않는 복잡한 삶을 살아간다. 실제로, 이 세상에는 학생이 누구인지 또는 학교가 어떻게 기능하는지에 대한 복잡한 상황을 적절히 반영하는 충분한 데이터는 없을 것이다.

이러한 관점에서, 데이터를 기반으로 교육 프로세스를 모델링하려는 시도는 가치와 편견에 대한 기본적인 질문을 받는다. 단도직입적으로 말해서, 자동화가 일련의 규칙을 따르는 것을 의미한다면 (i) 어떤 규칙을 따르고 있는가? (ii) 이것은 누구의 규칙인가? (iii) 어떤 가치와 가정을 반영하는가? 다른 규칙을 만드는 과정처럼, 알고리즘은 마법처럼 하늘에서 떨어지지 않고 어딘가에서 누군가가 반복적으로 따라야할 일련의 복잡한 코드화된 명령과 프로토콜을 설정한다. 그러나 이 논리는 일반적으로 대부분의 비전문가들이 인식하지 못한다. 사람들이 검색 엔진, 뉴스 피드, 콘텐츠 추천을 이끄는 알고리즘에 대해 이야기할 때 종종 '비법 양념(secret sauce)'라는 완곡한 표현을 사용하는 이유이다. 이 요리법들에는 무언가가 있는 것이 분명하지만, 단지 딱 들어맞는 것처럼 보일 뿐 그 계산이 정확히 무엇인지 '알고 있는' 사람은 거의 없다.

그러한 비밀은 패스트 푸드를 판매할 때 효과적인 전략일 수도 있지만, 학습자들을 지원하는 것과는 잘 조화되지 않는다. 결정적으로, 자동화된 시스템을 사용하는 것이 다른 사람의 논리를 따르는 것을 내포하고 있다면 이는 그들의 가치, 아이디어, 그리고 정치적인 지배를 받는 것을 의미한다. [IF X THEN Y] 같은 기본적 논리조차 가치중립적이지 않다. 프로그래밍된 모든 행동은 X와 Y가 무엇이고 서로에 대한 관계가 무엇인지를 사전에 정해둔 결정에 기초한다. 이러한 이해는 개발자들이 위치한 문화와 맥락, 그들의 기존 아이디어, 이상 및 의도에 의해 형성된다. 자동화 교육 시스템에 대한 핵심적인 질문은 다음과 같다. 현재 누가 그 시스템을 책임지고 있는가? 교육 개발자들의 가치와 생각은 무엇인가? 디지털 시스템을 구현할 때, 어떤 선택과 결정이 현재 우리 교실에 미리 프로그래밍 되어 있는가?

개별화의 불평등

개별 학습자의 필요를 중심으로 개인주의와 교육의 구조에 관한 질문을 던질 수 있다. 3장과 4장에 요약한 대부분의 기술은 개별화된 학습의 방식을 따른다. 앤서니 샐던^{Anthony} ^{Seldon}은 "모든 사람은 최고의 개인 맞춤형 교사를 만날 수 있다.[12] 즉, 이 소프트웨어는 당신의 교육 여정 동안 늘 함께 있을 것"이라고 말했다. 개별화된 학습 시스템과 학습 분석은 또래와 동일한 수업을 따르기보다는 학생들이 스스로 적합하다고 생각하는 대로 자신의 학습 활동을 조직, 지시 및 제어할 책임을 부여한다. 이것은 대부분의 교사들이 구사하는 방식인 모든 학생들이 같은 도구를 사용하고 같은 상호작용을 하는 정형화된 수업의 '일방적인' 방식과는 대조적이다.

개별화된 학습 시스템으로 인한 변화에는 어떤 특징이 있다. 예를 들어, 자율 학습 이론$^{thoeries \, of \, self\text{-}regulated}$은 지속적으로 자신의 발전을 확인하고, 강점과 약점을 식별하며, 적응과 개선을 위한 전략적인 방법을 계획할 수 있는 개인의 중요성을 강조한다. 이러한 교육의 효과는 학습에 대한 지속적인 피드백을 받는 개개인에 따라 좌우된다. 또한, 이 변화는 우리의 일상생활에서 벌어지는 '네트워크화된 개인주의 networked individualism'◆라고 불리는 생활의 변화와 맞아떨어진다.[13] 사람들은 느슨하게 짜여진 다른 네트워크 조직에 들락날락하며 점점 더 많은 소셜 네트워크 기술을 사용하고 있다. 이것들은 모두 개개인의 공간을 중심으로 이루어지는 매우 사적인 방식이다.

개별화된 접근법은 장점이 있지만 분명한 한계도 존재한다. 아래에서 논의하기로 한 교사의 변화된 역할과는 별개로 기술을 통해 일어나는 개별화 학습의 불공정성과 관련된 많은 우려들이 있다. 가장 주목해야 할 것은 모든 사람들이 진정으로 교육에 참여하여 자유롭게 선택을 할 수 있다는 기대는 다소 순진한 착각이다. 우리는 스스로가 하는 선택에 의해 제한되고, 억제되고, 조절되는 '구조화된' 사회 환경에서 살고 있다는 것을 인식하기 위해 사회학자가 될 필요는 없다. 물론, 어떤 사람들은 열심히 일하고, 훈련하고, 재능을 함양함으로써 그들의 '운명'에 영향을 미치도록 꾸준히 노

◆ 정보 통신 기술이 발전함에 따라 제공된 수단을 바탕으로 만드는 가정, 사회 등의 그룹으로 밀집하게 짜여진 계층적 관료 사회의 반댓말이다.

력할 수 있다. 그러나 누군가가 현실적으로 '선택'할 수 있는 것은 개인의 노력과 더 넓은 사회적 상황에 의해 좌우된다. 이 장에 요약한 기술이 제공하는 모든 형태의 '선택'은 분명히 일부 개인에게는 더 많은 혜택을 줄 것이다.

따라서 스스로 동기부여를 하고 자율적으로 행동할 수 있는 학습자에게 이러한 기술이 얼마나 유리한지 의문을 제기해야 한다. AI 기반 교육은 개인에게 효과적일 수 있으나, 일부 개인 즉, 특권층만이 교육적 효과를 누릴 가능성이 높다. 모두가 자신의 개별화된 학습 과정에만 몰두한다면, 국가적으로 지원하고, 공동의 노력으로 이루어지는 교육에 시시하는 바는 무엇일까? 이는 기술에 기반한 학습의 개별화를 완전히 '나쁜 것'으로 치부하는 것이 아니다. 디지털 기술은 의심할 여지 없이 여러 사람들이 다양한 방식으로 일을 할 수 있도록 돕는 강력한 수단이다. 그러나 여기에서 생기는 질문은 꽤 간단하다. 교육이 디지털 기반으로 자유분방하게 재편된다면 어느 정도까지 타협이 가능한가?

자동화된 교육의 노동 정치학

마지막으로, 교육 업무의 노동 정치와 관련된 문제들이 있다. 이 장에서 설명하는 대부분의 기술은 인간 교사의 역할을 강화하고자 하는 것이다. 기술 중심 교육의 지지자들은 교사들이 컨설턴트처럼 여기저기 순회하며 자유로워야 한다고 주장한다. 또한, 교사들은 더 유쾌하고 학생들을 자극할 수 있는 수업을 제공할 시간과 공간을 가져야 한다고 말한다. 그러나 기술 중심 교육의 대안적 시나리오는 교사들이 더 적은 권한과 더 많은 행정 업무를 맡게 되는 것이다. 많은 기계들이 등장할 때마다, 교사들의 업무가 단조롭고 반복적인 방식으로 진행될수록 전문성이 떨어지며 그들 스스로 로봇처럼 일하도록 강요받는다는 논란이 있어왔다.

본 장에서 제시한 기술들은 교사의 역할을 기계에 의해 이미 결정된 방식으로 학생들의 관리하도록 재구성한다. 또한, 가르치는 업무를 서로 다른 구성 요소로 분리하면서 전체 과정에 대해 전문적인 판단과 전문성을 발휘할 수 있는 인간 교사의 능력을 축소시킨다. 따라서 교사는 교실의 다양한 자동화 시스템의 판단을 해석하고 적용하는 역할로 전락한다. 교사는 학생이 왜 AI가 평가하는 에세이에서 특정 점수를 받았는지에 대한 설명을 생각해내야 하지만, AI는 그 점수를 주는 것에 대한 책임이 없을 것이다. 교사는 학생들이 '추천'받은 특정 학습 과제를 기반으로 학생을 도와주어야 하지만, AI는 왜 이것이 적절한 학습 과정인지 설명하기 어렵다. 즉, 교사가 하는 모든 것은 궁극적으로 코드화된 의사결정 과정을 따른다. 기술은 교육의 구성과 내용의 경계를 설정하기 위해 고안한 것이다.

이와 관련하여 여러 가지 문제점이 있다. 첫째, 자동화되는 것의 많은 부분이 실제로 교사라는 직업에 있어서 중요한 부분이라는 점이다. 교사의 하루에서 겉보기에 별것 아닌 일이 사실 더 생산적인 일일 수 있다. 예를 들어, 교사들은 에세이를 채점하는 것을 꼭 즐기는 것은 아니지만, 학생들의 일에 대한 다양한 피드백을 제공하는 것이 교육 과정에서 핵심적인 부분이라는 것은 대부분 인정한다. 캠퍼스에서 음식을 어디서 구할 수 있는지 물어보는 학생들과는 훨씬 더 풍부한 대화와 문화적인 교류의 관문이 될 수 있고, 학생들의 환경을 들여다보는 계기가 될 수도 있다. 이러한 업무를 기계에 위임하는 것은 교사의 전문성을 높이기보다는 교사의 전반적인 업무를 해친다고 볼 수 있다.

둘째, 교직 업무의 루틴화와 단편화는 심각하게 교사라는 직업을 위협한다고 볼 수 있다. 교육용 에이전트가 끊임없이 무엇을 하라고 '넛지nudge'한다면 학습자의 의욕이 떨어질 수 있는 것처럼, 교사도 기계가 일거수일투족을 지시한다면 자신감이 위축될 수 있다. 1970년대에 해리 브레이버만Harry Braveman과 같은 사회 연구자들은 공장 노동자들이 생산라인 공정의 분업화로 그들이 하고 있는 일의 '이해'가 떨어지고 점진적으로 '숙련도가 감소하는' 것을 겪었다고 지적했다.[14] 한때 매우 숙련된 기술자의 일이 이제는 숙련되지 않은 사람들이 공장 생산라인에서 각자, 반복적으로 지시받은 일을 작업하는 것으로 대체되었다. 교직의 디지털 기계화로 인해 교육적 업무에서 유사한 형태로 교사가 소외되고 있다는 주장이다.

마지막으로, 조직화된 노동력 약화에 대한 우려가 있다. 간단히 말해서, 만약 가르치는 것이 주로 기술과 학생들을 관리하는 비전문적인 역할로 배역이 바뀐다면, 이것은 교사의 고용과 관련된 영향을 미칠 가능성이 있다. 고도로 훈련된 전문 인력을 채용할 필요성이 줄어들면서 교육관리자와 행정관들은 일반화된 조직적이고 사무적 기술을 갖춘 저렴한 인력을 고용하게 될 것이다. 이 '효율성'은 결과적으로 어떤 교사들을 해고해야 하는지와 교직의 탈전문화 등에 대한 많은 의문을 던진다. 자동화된 교육이 값비싼 나이 많은 교사들, 혹은 노조 교사들을 없앨 수 있는 우회적인 기회가 될 것인가? 자동화된 교육 시스템은 유연한 근무 패턴을 취할 수 없는 사람들을 내보내는 수단인가? 이 기술들은 확실히 현재 교육 전문가로 훈련된 모든 사람들에게 꼭 좋은 것만은 아닌 것으로 보인다.

결론

이 장에 요약한 디지털 기술의 유형을 통해 교사의 업무는 점점 자동화되고 있다. 디지털 기술들은 가르치는 일을 더 효율적으로, 더 신뢰할 수 있도록, 더 일관성 있으며, 더 표준화되고 저렴하게 만들기 위해 일한다고 할 수 있다. 그러나 디지털 기술들은 교육 환경의 특성을 변화시킨다. 에세이 자동 채점 시스템이 특정 서술형, 논거 구조, 단어 순서 등에 높은 점수를 준다면, 이는 많은 사람들이 만들어내기 쉬운 종류의 글이 될 것이다. 또한 챗봇 서비스가 대학 웹사이트에서 가져온 콘텐츠와 관련된 질문에만 응답할 수 있다면, 이것은 대학에서 제공하는 도움말 유형을 결정할 것이다. 디지털 기술은 일관되고 표준화되며 통제 가능한 버전의 교육을 지원한다. 그러나 학교와 대학이 '기계적으로 매뉴얼화 되어 있는' 교육과정을 만든다면 우리는 교육의 본질적인 가치들 중 일부를 없애고 있는 것은 아닌가? 이 과정에서의 불확실성, 우연성, 조직화된 혼란(혼란스러워 보일 수 있지만 실제로는 질서 정연하고 결과가 좋을 수 있다) 등에 대해서는 좀더 깊이 생각할 부분이 남아있다.

지난 세 장에서는 AI 기반 교육의 다양하고 구체적인 예를 다루었다. 이러한 혁신은 다양한 이슈, 주장 및 우려를 제기한다. 우리는 긍정적인 측면에서 AI 도구와 기술을 사용하여 규모와 속도에 맞춰 교육의 확장을 주도할 수 있는 장밋빛 희망을 보았다. 강력한 데이터 처리 기술은 학습 데이터를 분석하고 체계적이고 일관적이며 신뢰할 수 있는 기반으로 지침, 방향 및 지원을 제공할 수 있는 기회를 제공한다. 여기서 중요한 것은 개별 학습자에게 더 많은 통제력을 부여하여 사람들이 보다 개인화되고 유연한 방법으로 학습할 수 있도록 하려는 열망이다. 그러나 더 걱정스러운 것은 윤리, 불평등, 부당성, 그리고 엄청나게 복잡한 사회 문제를 해결하기 위한 데이터와 알고리즘의 분명한 한계에 대한 우려이다.[15] 또한 이러한 기술의 의도하지 않은 결과 — 특히 교육에서의 인간성을 감소시키는 것에 대해서도 언급했다. 따라서, 마지막 장은 1장에서 제기한 몇 가지 핵심 질문으로 돌아간다. 이 책에서 다룬 기술과 교육에서 기술의 함축적 의미에 대해 이제 뭐라고 말할 수 있을까? 이 기술을 교육환경에서 어떻게 구현할 수 있는지 다시 생각해볼 수 있을까? 향후 10여 년 동안 AI 기술이 지속적으로 발전하고 있는 것을 볼 때 2020년대 이후 우리가 원하는 교육은 어떤 것일까?

토론 주제

1. 4장을 참고하여 실제 교육 현장에서 사용하는 디지털 기술(SW, AI 등) 사례를 적고 그것의 효과성과 보완할 점에 대하여 논의해 봅시다.

2. 교사들의 여러 가지 일을 로봇이나 AI로 대체할 때 발생할 수 있는 논점과 그에 대한 자신의 생각을 이야기해 봅시다.

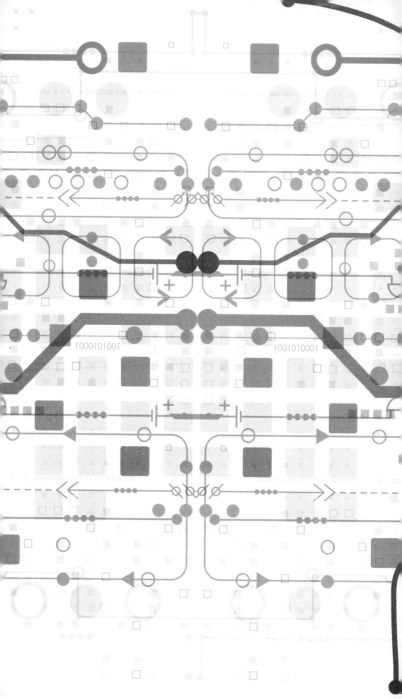

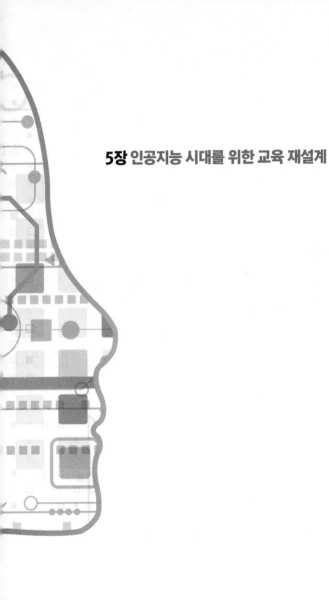

5장 인공지능 시대를 위한 교육 재설계

지식을 전수할 수 있는 사람은 이전에 그 지식을 배워야 한다. 학습자가 전문적인 교사와 함께 학습할 때, 그들은 단순히 교사의 지식에 접근하는 것뿐만 아니라 그것을 스스로 학습한 교사의 기억으로부터도 배움을 얻는다.

지난 네 장에서 설명했듯이 교육에서 AI에 관한 명확한 해답은 거의 없다. AI는 교육의 많은 측면을 실질적으로 변화시킬 수 있는 명백한 잠재력을 가진 기술이다. 과연 어떤 교사가 1분에 1000개의 에세이를 채점하거나 모든 학생들의 수행에 대한 실시간 피드백을 마다하겠는가? 그렇지만, 이러한 직관적인 기능조차도 교사와 기술 간에 상당한 절충이 필요하다. 교사들이 '스마트한' 방법으로 일하도록 도움받고 있는가, 아니면 그들의 역할이 돌이킬 수 없을 정도로 하향 조정되고 있는가? 하향되지 않는다는 확신이 있는 반면, 많은 사람들은 교사들이 디지털 자동화로 인해 밀려나고 있다고 느끼고 있다.

이러한 모호함은 AI와 교육에 비판적으로 접근해야 함을 일깨워준다. AI 교육의 이점과 변화에 대한 확신 속에서 논의하지 않는 부분을 질문하는 것은 늘 옳다. 무엇이 소외되고 무엇을 잃게 되는가? 무엇을 더이상 같은 방식으로 이야기하지 않는가? '로봇이 세계를 장악한다'는 디스토피아적 시각으로 잠식되지 않으면서 새로운 기술로 발생할 수 있는 바람직하지 않은 일들을 고려하는 것은 의미 있는 일이다. 폴 비릴리오Paul Virilio는 말했다. "당신이 배를 발명할 때, 당신은 난파선도 함께 발명한다."[1]

이 책 전반에 걸쳐 언급했듯, 우리는 AI와 교육의 사회-기술적 성격을 염두에 둘 필요가 있다. 모든 교육 혁신은 특히

'가르침'과 '배움'이 무엇인지 결정하는 측면에서 권력의 재구성을 수반한다. 사야^{Saya}, 뉴턴^{Knowton,} 질 왓슨^{Jill Watson}은 그 자체로 흥미로운 기술적 인공물이지만, 우리는 그 이면에 있는 아이디어와 관점에 세심한 주의를 기울일 필요가 있다. 이 모든 기술들은 교육이 무엇이며, 교육이 누구의 이익에 부합하는지에 대한 암묵적인 가정을 담고 있다. 예를 들어, 이 책에 기술한 많은 시스템과 애플리케이션은 지속적인 모니터링과 측정을 통해 학습자의 의사결정을 '넛징^{nudging}'하면서 행동을 변화시킨다. 또한, 상업적 기업가들의 참여를 증진시킨다. 이것이 정말로 우리가 원하는 미래의 교육 형태인가?

이런 측면에서, 특정 시스템과 애플리케이션으로부터 눈을 돌려 AI를 중심으로 구축되고 있는 사회 질서에 주목할 필요가 있다.[2] 따라서, 이제 고려해야 할 주요 이슈는 소프트웨어를 개발하고 알고리즘을 교정하거나 '사용자 경험'을 향상시키는 방법인 엔지니어링과 설계의 문제가 아니다. 훨씬 더 중요한 것은 이 기술을 둘러싼 사회, 정치, 경제 및 문화적 문제이다. 이는 공정성, 권한 박탈, 적절하다고 생각하는 미래 교육의 방법에 대한 중요한 의문을 제기한다. 앞에서 언급한 것에 대해 그럴듯한 쉬운 해답이나 간단한 해결책은 없다. 이 문제들은 사회가 수 세기 동안 고심해온 딜레마들이며, 앞으로도 오랫동안 계속 직면하게 될 것이다. 이 장에서는 이러한 복잡성을 이해해보려 한다. 중요한 선택을 해야 한다. 그러므로 우리가 무엇을 선택할지 정확히 알아보자!

컴퓨터가 교육에서 할 수 있는 일(또는 할 수 없는 일)

이 책 전반에 걸쳐 제기한 비판에도 불구하고, 많은 사람들이 AI를 우리 시대를 정의하는 혁신으로 여기는 이유는 쉽게 이해할 수 있다. AI는 강력한 결과를 가져올 수 있는 고도로 정교한 기술 진보이다. 예를 들어, 많은 AI 시스템과 애플리케이션은 식별할 수 없는 패턴을 식별하거나 연결하기 위해 대량의 데이터를 처리한다. 이 통찰력을 바탕으로 AI는 정확한 미래 예측이 필요한 교육환경에서 정교한 수학적 모델을 구성한다. AI는 행동을 지시하며, 자원을 적절하게 잘 배치하고, 교사와 학습자가 더 잘 알고 준비할 수 있도록 도와준다. 종합하자면 교육에서 AI의 능력은 이미 인간을 능가할 수 있다. 즉, 정보에 입각한 추측을 통해서만 처리할 수 있는 교수 및 학습 상황에 '예측 가능'한 수학적 논리를 도입한다.

이런 의미에서, 교육에서 AI의 구현은 여러 다른 노선을 따라 그럴듯하게 정당화될 수 있다. 실용적인 측면에서 AI 기반 시스템과 애플리케이션은 장기적으로 인간을 교육하고 고용하여 교사로 양성하는 것보다 비용이 적게 든다. AI

는 보다 신뢰할 수 있고 일관적이며 제어가 가능한 교육을 실행한다. 또한 AI는 계산적으로 정확하며 명확한 의사결정을 위한 기초를 제공할 수 있다. 좀더 추상적인 차원에서 AI 기술이 패턴을 인식하고 인간이 결코 고려하지 않을 결정에 도달할 수 있다는 주장도 있다. AI 연구의 핵심 중 하나는 기본적으로 옳지만, '비인간적'인 방식을 찾거나 인간이 간과하거나 무시하기 쉬운 중요한 경향과 패턴을 찾아내는 능력이다.

그럼에도 불구하고, 이 책은 교육에서 AI 기술의 몇 가지 분명한 한계를 강조하고 있다. 특히 정교한 계산 프로세스는 주어진 데이터 수준 정도로만 우수하다. 지난 네 장에서는 교육 데이터가 부정확하거나, 불완전하거나, 잘못 선택되었거나, 단순히 그것이 무엇인지를 나타내는 형편없는 지표가 될 수 있는 사례를 많이 지적했다. 이러한 격차와 누락은 교사와 학습자가 수행하는 일을 모델링하는 측면에서 특히 중요하다. 심지어 '교육'과 '학습'의 가장 정교한 모델조차도 애매한 영역을 꽤 포함하고 있다. 게다가, 측정하고 정량화할 수 없는 교육에서 진행되는 일을 이해하는 데 필수적인 요소들이 많다. 예를 들어, 과연 학생의 취약점이나 가정 환경의 어려움에 대해서 적절히 고려할 수 있을까? 데이터가 AI의 '로켓 엔진'에 대한 '연료'라면, 앞서 언급한 기술들의 교육적 역량이 상당히 무력해질 수 있다.

이것은 이 책에서 설명하는 모든 기술에 적용되는 문제이다. 즉, 교육적 맥락에 대한 상식적인 이해와 인식의 부족에 관한 것을 의미한다. 모든 것이 정량화 및 계산 가능하며 통제가 가능하다고 생각하는 데이터 과학자와 소프트웨어 개발자가 많지만, 교육은 이러한 논리가 적용되지 않은 영역이라고 생각하는 사람들도 많다. AI는 정밀도, 명확성 및 예측 가능성에 대한 의존이 높기 때문에, 모호성이 많은 교육 영역과는 상충되는 것으로 느껴진다. 알렉산더 갤러웨이 Alexander Galloway가 주장하듯이, 'AI의 주요 문제'는 형식화의 문제이다. 문자 언어나 다른 공식적인 기호화 시스템과 마찬가지로, 교육에는 기술적으로 정교한 표현이 가능하더라도 데이터 처리를 통해 완전히 포착하고 표현할 수 없는 것들이 있다.[3] 비슷한 방식으로 머레이 굴든 Murray Goulden은 '기술적으로 똑똑'하지만 '사회적으로 어리숙한' 시스템에 대해 말하면서, '적절한 사회적 관행을 이해하지 못하는' 기술을 수용하는 것에 대해 경고한다.[4]

또한, 수학적 모델링의 다른 사례와 마찬가지로, 모든 AI 기술은 허용 가능한 수준의 오류를 가정하여 구축된다. 애덤 그린필드 Adam Greenfield는 "시스템이 '작동'하는 한… 잘못된 결과에 대한 우려가 말싸움으로 치부될 수 있다"고 말한다.[5] 교사들은 엄격한 수학적 논리를 다른 사람들의 학습을 돕는 것에 적용시키는 것이 어렵다는 사실을 알게 될 것이다. 교육은 교사가 잘못된 판단과 조언을 최대한 하지 않으려 한다는 전제에서 출발한다.

또한, AI의 교육적 적용은 필연적으로 설명 가능성이 부족하다는 문제를 겪는다. 간단히 말해서, AI 시스템이 점점 더 복잡해지고 인간 지능으로부터 멀어짐에 따라 AI 시스템이 만들어내는 모든 결정 이면의 근거를 알아내는 것이 점점 더 어려워지고 있다.[6] 심지어 현재의 기계 학습 시스템을 설계하는 개발자들과 엔지니어들도 시스템이 특정 작업을 수행하는 이유를 분리하여 설명하는 데 어려움을 겪는다. 교육에서도 설명 가능성이 필요하다는 논리는 기존의 교육 방식과 함께 불안정하게 자리 잡고 있다. 교사들은 자신들이 똑똑한 '성찰적' 전문가로 보이는 것을 선호한다. 가르치는 것과 배우는 것은 사람들에게 '왜'라는 질문과 함께 '무엇'을 알아가는 과정이다. 단순히 다음에 무엇을 해야 할지 지시받는 것은 완전한 의미에서 '교육'을 의미하지는 않는다.

위에서 제시한 AI의 한계점들은 놀라운 일이 아니다. AI는 생각했던 형태와는 반대로 실제 교육에서 사용되는 AI의 유형을 반영할 뿐이다. 휴버트 드레퓌스$^{Hubert\ Dreyfus}$가 '연금술과 AI'라는 냉소적인 제목의 논문을 발표한 지 50년이 지났지만,[7] 여전히 AI는 기대와 과장으로 가득 찬 영역이다. 실제로 이 책에 기술한 시스템과 애플리케이션 중 AI의 잠재력에 대한 현재의 열광을 반영하는 '딥러닝' 기법을 잘 활용하는 사례는 거의 없다. '인간 수준의 AI'와 인공 '일반' 지능을 구현하는 기술을 보게 될지는 여전히 논쟁의 여지가 많다. 이런 의미에서, 현재 교육에서 AI를 대신하여 행해지고 있는 거창한 약속의 대부분은 현실적이기 보다는 추측에 가깝다.

교육에서의 AI의 사용은 기술자들이 말하는 '약한 AI' 또는 '좁은 의미의 AI'의 형태를 보이고 있다. 이 시스템은 특정 작업 및 미리 정의한 프로세스 측면에서만 '지능적'으로 나타난다. '좁은' 형태의 AI는 의심할 여지없이 교육에서 중요한 역할을 할 수 있는 정교한 기술이라는 것을 상기할 필요가 있다. 약인공지능은 최근에 더욱 발전한 기계 학습 방식은 아니지만, 확실히 '엄청난' 것이 있다.[8] 그러나 AI가 교육을 위해 '할 수 있는' 것에 대한 논의에 참여하기 전에 한계점들을 염두해야 한다. 힐러리 메이슨[Hilary Mason]이 말했듯이, AI는 '마술'이 아니라 '일반인들이 만든 수학, 데이터 및 컴퓨터 프로그래밍'이다.[9]

인간 교사들을 위한 사례 재구성

이 책 전반에 걸쳐 언급한 기술적 한계들 중 많은 것들이 인간 교사에게 적용된다는 점은 부인할 수 없다. 결국, 인간 교사들은 주관적인 결정을 내리고, 잘못된 인식과 편견을 가지기 쉬우며, 무언가를 조작하거나 진실하지 않은 감정표현에 의존할 수 있다. 게다가 (그리고 1장에서 언급한 요점을 반복하기 위해서), 확실히 대체되어야 마땅한 무능한 교사들도 많다. AI 개발자들과 공급자들은 그들의 제품이 교실에 있는 인간 교사들처럼 단지 결함이 있다고 생각할 것이다. 이런 근거로, 어떤 사람들은 우수한 교사가 부족한 상황에서는 AI가 인간 교사만큼이나 훌륭한 기술을 구현하는 것이 충분히 정당화될 수 있다고 생각한다.

그러나 위 논리가 AI를 교육에서 광범위하게 구현하기 위한 기본적인 근거가 되기에는 매우 부족하다. 지금과 같은 개발 초기 단계에서 교육에 AI 기술을 배치하려는 모든 시도에 대한 기대는 인간 교사의 약점과 편향보다 '나쁘지 않다'거나 '약간 더 나은' 시스템을 개발하는 것보다 훨씬 더 커야 한다. 오히려 AI와 다른 새로운 기술 영역의 발전은 교육을 상당한 수준으로 개선할 것이라고 기대하는 측면이 더 매력적이고 가치가 있다. 현재와 동일한 불만족스러운 방식으로 작동하는 시스템을 생산하기 위해 수십억 달러와 수많은 시간을 할애하는 것은 별로 의미가 없다.

좋은 인간 교사는 기술을 통해 결코 완전히 복제될 수 없는 다양한 강점들이 있다. 이것은 '기계가 생각할 수 있는가?'라는 질문이 '잠수함이 수영할 수 있는가?'라는 질문과 같다는 에드거 디크스트라Edsger Dijkstra의 발언을 떠오르게 한다.[10] 잠수함은 물고기가 수영할 때 하는 많은 기본적인 것들을 할 수 있지만, 의도나 실행 측면에서는 많은 차이점을 가지고 있다. 비슷한 관점에서 기계가 가르칠 수 있는지에 대한 문제는 우리가 '가르치다'라는 단어를 어떻게 사용하기로 선택하느냐에 달려 있다. 앞의 네 장을 근거로 AI 기반 기술이 지원하는 '교육'의 유형은 인간 교사가 할 수 있는 것에 비해 본질적으로 제한적임을 시사하는 부분이 많다. 실제로, 교실 자동화를 향한 발전 속에서 간과해서는 안 되는 점들을 제시하고자 한다.

첫째, 선생님들이 그들이 알고 있는 것을 배웠을 때 생기는 이점이다. 지식을 전수할 수 있는 사람은 이전에 그 지식을 배워야 한다. 학습자가 전문적인 교사와 함께 학습할 때, 그들은 단순히 교사의 지식에 접근하는 것뿐만 아니라 그것을 스스로 학습한 교사의 기억으로부터도 배움을 얻는다. 지능형 튜터링과 적응형 학습 시스템은 어떤 것이 효과적으로 학습될 수 있는 방법에 대해 사전에 지정된 모델로 프로그래밍된다. 그러나 어떤 디지털 기술도 인간이 그것을 배우는 방식과 똑같이 무언가를 '학습'하고 그에 따라 다른 인간이 배우도록 돕지는 못할 것이다.

둘째, 인지적 연결을 만드는 것은 인간 교사의 능력이다. 인간은 다른 인간이 어떤 순간에 인지적으로 경험하는 것을 감지하고 그에 따라 반응할 수 있는 인간만의 능력이 있다.

이런 점에서, 교사와의 대면 접촉은 학습자가 다른 인간의 두뇌로 사고하는 귀중한 기회를 제공한다. 즉, 교사가 사고하는 과정을 보는 것은 흥미로운 일이다. 반대로, 인간 교사는 배우려는 다른 학습자와 개인적인 '인지적 연결'을 맺을 수도 있다. 데이비드 코헨David Cohen이 말했듯이, 교사들은 유일하게 '학습자의 입장에서 생각'해볼 수 있다.[11] 컴퓨터 과학의 수많은 노력에도 불구하고, 기계는 사고의 많은 측면들을 이런 방식으로 감지하고 모델링할 수 없다.

셋째, 인간 교사의 사회적 관계 형성 능력이다. 가르치는 것은 교사와 학습자 모두 상호 책임을 수반한다. 어떤 교사도 배우는 사람들의 협조 없이는 학습 과정을 자극할 수 없다. 훌륭한 교사들은 언제, 어떤 방법이 가장 효과적인지 판단하기 위해서 학생들과 개인적인 관계를 맺는다. 교사들은 학생들을 학습시키기 전에 학생들의 정서적 측면을 점검해볼 것이다.[12] 교사들은 개별 학생들에게 동기를 부여하고, 달래고, 흥미를 유발함으로써 참여를 지속시키고, 학습에 대한 상호간의 책임을 확립하기 위해 열심히 노력한다. 이 모든 것은 이 책에서 설명하는 시스템이나 애플리케이션보다는 사람들 간의 대인 관계 기술이다.

넷째, 인간 교사는 의견을 내고 그것을 생각하게 하는 특별한 능력이 있다. 전문적인 교사와 그들의 전문 분야에 대해 함께 이야기하는 것은 혁신적인 무언가가 있다. 전문가의 강연을 듣고 나서 지식과의 연결고리가 실시간으로 펼쳐지는 경험을 해보았을 것이다. 훌륭한 화자는 글에 집착하지 않고, 청중의 반응에 따라 그들의 주장을 다듬고, 보강하고, 수정한다. 그러므로 학습자와 대화하는 훌륭한 교사는 일종의 즉흥적인 발화 형태를 취한다. 핵심은 학습자가 능동적으로 경청하도록 이끌고 지원하는 교사의 역할이다. 게르트 비스타Gert Biesta의 추론에 따르면, 다른 사람의 말을 경청한다는 것은 한 개인을 자신으로부터 끌어내고 분별력을 가지고 자기중심적으로 되는 것을 막는 것을 의미한다.[13]

다섯째, 피지컬 로봇의 한계에 대한 2장의 논의에서 가장 분명했던 다섯 번째 특성은 인간 교사들이 자신의 몸으로 수행하는 능력이다. 인간 교사의 몸은 학습자들을 추상적으로 사고하게 만들 때 매우 귀중한 자원이다. 교사들은 그들의 신체를 사용하여 수업에 활력을 주고, 조율하고, 학습에 집중시킨다. 많은 가르침이 교실 안을 서성거리거나, 가리키거나, 손짓을 하는 것과 같은 움직임을 통해 이뤄진다. 교사들은 목소리를 낮추고, 눈썹을 올리거나, 시선을 보내는 등 그들의 신체를 이용한다. 결정적으로, 인간은 가장 현실적인 시뮬레이션과는 전혀 다른 방식으로 다른 인간의 움직임에 반응할 것이다. 2장에서 언급한 것을 반복하자면, 다른 사람의 눈을 보는 것은 화면에 전시된 2D 애니메이션 에이전트는 물론이고, 3D 휴머노이드 로봇을 보는 것과는 질적으로 다른 경험이다.

　마지막으로, 무언가를 즉흥적으로 하고 '실행'하는 인간 교사의 능력이 있다. 좋은 가르침의 핵심은 즉흥적으로 행동하는 인간의 능력이다. 교사들은 미리 계획한 대본에 얽매이지 않고 상황에 따라 그들이 하는 일을 조정한다. 대부분의 공연 행사와 마찬가지로, 모든 교육 활동은 대략적인 계획이나 구조가 있다. 하지만, 훌륭한 교사는 미리 계획한 목적과 목표를 향해 즉흥적으로 행동할 것이다. 가르치는 것은 춤이나 재즈 연주와 유사한 창의성, 혁신성, 자발성이 필요하다.[14] 교사와 학습자는 서로를 느끼고, 공통점을 찾고 이를 기반으로 한다. 또한 가르침은 때로는 모호하고, 어수선하며, 모르는 것에 대한 인내심을 요구한다. 대부분의 인간 행동은 어느 정도의 추측, 자신감, 그리고 기꺼이 '해내려는' 의지를 수반한다. 컴퓨터 시스템의 '유한한 응답의 무한한 공급'이 있더라도, 위와 같은 것들은 궁극적으로 따라 할 수 없는 과정들이다.

인공지능을 양날의 칼로 인식하는 것

　교육의 완전한 '로봇화'를 기대하지 않는 여러 가지 합리적인 이유들이 있다. 교육의 로봇화는 과장된 기대와 알려지지 않은 추측이 함께하는 영역이다. 실제로 교육에 적용하는 기술의 능력은 초지능적인 기계와 '특이점'과는 거리가 멀다. 따라서, 대부분의 현명한 교육자들과 기타 교육 평론 가들은 AI가 결코 교사를 대체하지 않을 것이라고 스스로를 안심시키고 싶어 한다. '보다 나은 인간을 만드는 일'의 관점에서 교육은 인간 중심적인 것과 관련된 다양한 측면들이 있다.

그러나 겉보기에 명백해 보이는 이 결론은 AI와 교육에 대한 논의에서 거의 언급되지 않는 중대한 교착 상태를 부각시킨다. 물론, AI 기술이 진정으로 교육을 개선하고, 향상시키는 방법이 되기 어렵다는 인간 교사들의 주장은 일정 부분 타당하다. 이 분야의 최첨단에 종사하는 많은 과학자, 엔지니어 및 개발자들이 이러한 기술의 잠재력을 실현하기까지는 아직 멀었다는 것을 인정한다. 그럼에도 불구하고, 다른 관점에서 생각하고 행동하도록 동기부여를 받는 사람들도 많다. 애덤 그린필드[Adam Greenfield]가 말했듯이 "이러한 기술이 알려진 바와 같이 작동하는지의 여부는 의미 있는 질문이 아니다. 누군가가 자신이 그렇게 한다고 믿고, 그 믿음에 따라 행동하느냐가 중요"하다.[15] 이런 점에서, '로봇이 교사를 대체한다'는 생각은 여전히 진지하게 받아들일 필요가 있다. AI 기반 교육 및 학습이 교육적인 관점에서는 의미가 없을 수도 있지만, 사람들은 여전히 다른 여러 가지 이유로 의미 있다고 주장하고 있다.

이는 AI 교육에서의 정치학에 초점을 맞추는 이 책의 주요 관심사와 다시 연관된다. AI 교육의 명확한 한계 및 타협점과는 상관없이 AI를 통한 교육의 변혁을 주장하는 데에는 강력한 이해관계가 관여되어 있다. '교사를 대체하는 로봇'에 대한 아이디어는 대부분 분명히 교육의 본질을 개혁하려는 더 넓은 이상과 야망이 주도하고 있다. 즉, 이념적으로 추진하고 있는 것이다. 이런 점에서 교육용 AI는 미래의 교육이 어떤 모습일지 대안적 비전을 발전시키기 위해 이목을 끄는 수단이다.

교육용 AI의 이념적 기반은 광범위하며 반드시 일관성이 있지는 않다. 예를 들어, 지능형 튜터링 시스템, 교육용 에이전트 및 학습 분석 시스템은 종종 대규모 교실 수업에 대한 불만족에서 시작한다. 1장에서 언급했듯이, 교육용 AI는 기술만능주의techno-solutionism가 그 전반에 깔려 있다. 즉, 이는 '올바른 코드, 알고리즘 및 로봇이 주어진다면 기술은 인류의 모든 문제를 해결할 수 있고, 삶을 "불필요한 잡음 없이" 효과적으로 만들 수 있다'는 순진한 믿음이다.[16] 또한, 공교육용에 대한 시장 주도적 반대, 큰 정부에 대한 회의, 조직화된 노동 개념에 대한 기업의 반발 등은 교육용 AI에 대한 일부의 주장을 뒷받침한다. 이 모든 견해가 나름대로 일리는 있지만, 반드시 기술의 교육 능력에 근거하는 것은 아니다. 이런 점에서, 이 책에 요약한 많은 AI 시스템과 애플리케이션들은 더 넓은 관심사와 더 큰 전투를 위한 '트로이 목마

Trojan Horses' 역할을 한다고 설명할 수 있다.

또한 교육 분야에서 AI의 추진을 뒷받침하는 강력한 상업적 요구를 간과하지 않는 것이 중요하다. 1장의 시작 부분에서 얘기한 것처럼, 교육용 AI의 글로벌 시장 규모는 2023년에는 약 37억 달러까지 성장할 것으로 예상한다. 교실 로봇을 사용한 모든 소규모 대학 실험과, 수백만 개의 표준화된 과제물의 자동 채점을 통해 상당한 이익을 창출하는 다국적 기업들이 있다. 이것은 지적 호기심과 과학적 지식을 구축하려는 열망에 의해 움직이는 분야가 아니다. 소타와 질 왓슨의 교육적 응용은 상냥하고 신중한 시도처럼 보일 수 있지만, 학교와 대학 시스템에 걸쳐 이를 대규모로 출시함으로써 많은 돈을 벌 수 있다. 이것들은 그 자체를 위해 개발하고 있는 중립적인 기술이 아님을 의미한다.

시나리오 1: 업무 경감 수단으로서의 인공지능, 더 적은 일?

큰 그림(1장 참고)에 관한 우려들이 있지만, 교육용 AI를 정치 및 경제 측면에서 논의하는 것은 여전히 드문 일이다. 기술 개발자와 IT 산업은 주로 '작동하는' 시스템을 설계하고 개발하는 데 중점을 두고 있다. 반대로, 대부분의 교육자들은 교육적 당면 과제와 복잡한 문제에 사로잡혀 있다. 정책 입안자들과 관리자들은 교육 시스템 운영에 내재된 난제들에 대한 가능한 해결책을 찾고 있다. 간단히 말해, 교육에서 인공지능의 사용이 증가하고 있는 것은 아직 제대로 조사되거나 비판받을 만큼 사람들에게 우선 순위가 높지 않다. 이 책에서 제기한 우려에도 불구하고, 교육 분야의 AI는 여전히 교육을 둘러싼 더 넓은 논쟁 속에서 특별한 논쟁거리로 여겨지지 않는다.

실제로, 교육자들은 대체로 문제되지 않는 방식으로 AI를 예상하는 경향이 있다. 기껏해야, 이러한 기술은 교육과 관련된 많은 '루틴', '의무', 그리고 '힘든 일'을 처리하는 것으로 여겨진다.[17] 4장에서 논의한 바와 같이, 교사들이 주도하고, 정리하고, 설명하고 영감을 주는 의미 있는 활동에 자유롭게 참여할 수 있다고 추정된다. 로즈 럭킨Rose Luckin과 같은 논평가들은 교사들이 AI 기반 '보조교사'를 가질 것으로 예상하고 있다. AI 기반 보조교사는 '교사를 위한 지적인 지원'과 '교사의 스트레스 및 업무량 감소'를 돕는다. 이는 '교사의 역할이 계속해서 진화하고 교사의 시간이 더 효과적이고 효율적으로 사용되며 전문성이 더 잘 배치, 활용되는 미래'를 의미한다.[18]

이 관점에서 AI를 받아들이는 것은 교육에만 국한된 것은 아니다. 많은 일에서 AI가 결국 인간의 전문지식에 대해 '보완적'으로 작용하여, 궁극적으로 인간에게 '능력 강화 및 확장'의 기회를 제공할 것이라고 가정한다.[19] AI가 사람들의 고된 일을 덜어준다는 생각은 결국 '위험하고, 지지분하고,

지루한' 일의 소멸에 대한 대중의 열망과 더이상 일할 필요가 없는 사람들에게 기본소득을 지급하려는 장기적 전망을 뒷받침한다. 즉시 고용의 많은 분야에서 일자리가 사라지는 것에 대한 우려보다 디지털 자동화에 대한 희망이 넘친다. 맥도날드와 같은 회사들은 AI 기반 레스토랑의 직원들이 일자리를 잃는 대신 '부가가치가 높은' 역할을 맡을 가능성이 높다고 주장한다.[20] 패스트푸드 직원들이 두려워할 것이 없다면, 교사들에게도 마찬가지여야 하는가?

시나리오 2: 더 열악한 일의 촉발로서의 AI, 더 나쁜 일?

현재 교사로 일하고 있는 사람들을 안심시킬 수 있지만, 이러한 기대는 현대 교육 정치에 둔감한 것이 분명하다. 앞서 언급했듯이, 여기서 가장 중요한 것은 AI 기술의 실제 능력이 아닌, AI를 통해 발전하고 있는 사회 질서이다. 이 점에서 AI 중심으로 증가하고 있는 교육 자동화가 교사 및 교육의 축소로 이어질 것으로 충분히 예상할 수 있다.

첫째, 단순히 교사들을 지원하는 기술에 대한 기대에는 논쟁의 여지가 많다. 4장에서 논했듯이, 도움을 받는 것과 감독을 받는 것은 종이 한 장 차이다. 안내를 받는 것과 지시를 받는 것 역시 아슬아슬한 경계가 있다. 분명히, 이 책에 요약한 기술 유형은 다양한 목적으로 구현될 수 있다. 개발자들의 초기 의도와 상관없이, 실제 학교와 대학에서의 기술 사용은 항상 양날의 칼이 될 것이다. 교사와 학생 사이에 일어난 모든 대화를 기록하고 분석하는 기술은 반성적 성찰을 위한 개인적인 도구로 사용될 수 있다. 그러나 성과 관리의 제도적 도구로도 사용될 수 있다. 책 전체에서 언급한 바와 같이, 현대 교육 맥락은 성과 관리, 측정, 감사 및 책임을 중심으로 점점 더 체계화되고 있다. 기기나 애플리케이션이 교사와 그들의 교육 데이터를 수집하는 경우, 데이터 흐름이 기계와 개별 교사를 훨씬 넘어 확장될 가능성이 높다.

AI 기술이 교사들을 잡무로부터 해방시켜 더 의미 있는 방식으로 일하게 한다는 생각 또한 의문이다. 실제적인 의미에서, 교사들은 기술의 기대에 맞추기 위해 자신이 하는 일을 조정할 가능성이 가장 높다. 자연어 처리에 의해 분석될 가능성이 가장 높은 방식으로 말하기, 센서로 덮인 교실 영역으로 이동하기, 자동 채점 시스템이 가능한 방식으로 학생들이 글을 쓰도록 장려하기 등이 해당된다. 이러한 행동들이 대수롭지 않게 느껴질 수 있지만, 교사는 점점 더 자신이 사용하는 기계의 한계를 수용하는 방식으로 행동하게 된다. 교사를 로봇으로 대체하는 것보다 교사가 로봇처럼 일해야 하는 것이 훨씬 더 가능성이 높은 시나리오이다.

간단히 말하면, AI 기술은 교사를 통제하고, 비하하고, 품위를 떨어뜨릴 가능성이 가장 높다. 이는 교사들의 전반적인 통제권을 불가피하게 손상시키는 동시에 그들의 전문적인 판단과 전문성을 약화한다. 자신이 하는 일에 대한 통제와 자율성을 갖는 것은 품위 있는 노동의 핵심 특성이다. 스스로 결정을 내리는 것은 전문가로서의 핵심 요소다. 주디 와이즈먼Judy Wajcman이 주장하듯, '방안의 코끼리' 속담◆처럼 AI가 주도하는 자동화 기술이 '더 적은 일이 아니라 더 나쁜 일을 촉진한다'는 것을 의미한다.[21] 이런 관점에서, AI가 대다수의 교사들이 더 의미 있는 일을 즐기도록 이끌거나, 학생 및 동료들과의 풍부하고 인간적 상호작용을 하도록 이끌지 않을 것이라고 의심한다.

다음은? 미래 교육을 위한 재설계 기회로서의 인공지능

그럼 지금은 어디쯤일까? 교육에서 AI의 구현은 단순히 '받아들이거나 또는 내버려두거나'의 문제가 아니다. 우리는 AI 기술들이 본질적으로 변하지 않고, 어쩌면 유용한 지원의 원천이 되기를 바라는 희망을 갖고 그저 태평하게 받아들여서는 안 된다. 한편 우리는 AI 기술을 완전히 거부해서도 안 된다. 빈센트 모스코Vincent Mosco는 "비록 아날로그 세계가 여전히 중요하지만, 디지털에서 후퇴할 수는 없다. 오히려 핵심 기술, 생성하는 데이터 및 사용 방법에 대한 시민들의 통제 방식을 시급히 개선할 필요가 있다"고 말했다.[22] 이

◆ 모두가 잘못됐다는 것을 알면서도 먼저 그 말을 꺼낼 경우 초래될 위험이 두려워, 그 누구도 먼저 말하지 않는 커다란 문제를 의미한다.(출처: 네이버 지식백과)

러한 측면에서, 우리는 미래의 교육 시스템이 될 기술과 인간에 대해 다른 방식으로 생각할 필요가 있다.

물론 더 다양한 목소리, 의견, 이해관계에 따라서 위의 논의를 다시 생각해볼 수 있다. 1장에서 논의했듯이 지금까지 AI와 교육에 관한 의제는 기술 설계자와 공급업체, 비즈니스 이해관계자 및 기업 개혁가들이 주도해왔다. 교육자, 학생, 학부모 및 공교육과 관련된 다른 단체들의 적극적인 대응이 분명히 필요하다. AI 기반 자동화가 사회 전반에 걸쳐 두드러지면서 교육 시스템에서 모두가 원하는 것은 무엇인가? 상상력을 넓히고 다양한 방면으로 교육용 AI에 대해 고민할 수 있는 방법은 무엇인가? 지금까지의 논의와 관련하여 많은 제안들을 제기하고자 한다.

첫째, AI 기술은 확실히 교사들이 될 힘들게 일할 수 있도록 도울 수 있다. 교사들은 의심할 여지없이 더 적은 시간 일하고, 반복적인 행정 및 관료적인 업무에서 벗어날 수 있다는 점에서 이득을 본다. 여기서 과제는 교사들이 교육적 가치가 적은 업무와 절차에서 손을 뗄 수 있도록 하는 형태의 AI를 개발하는 것이다. AI는 자동화가 필요한 교육의 측면을 자동화하는 데 사용되어야 한다. 인간 교사들은 그들이 할 수 있는 일, 그것을 해야 하는 시간과 에너지에 제한이 있다. 많은 생각이 필요 없는 절차적 작업에 인간을 가둬두게 되면 그로 인해 작업이 느려지게 된다. 그러한 작업들을 기계에 재분배한다면, 교사의 역할을 재구성할 수 있는 여지가 분명히 있다. 루치아노 플로리디[Luciano Floridi]가 말했듯이, "우리는 AI의 어리석은 작업을 인간 지성을 위해 활용해야" 한다.[23]

둘째, 좀더 실험적이고 단순히 인간 표방이 아닌 인간을 대체하려는 교육용 AI가 더 나은 점이 있을 수 있다. AI 기반 교육의 진정한 '가치'는 생물학적 및 인간적 방식을 그대로 따라하는 것에 있는 것이 아니다. 대신 AI의 가장 큰 잠재력은 완전히 새로운 공학 원리를 교육에 적용하려는 시도에서 실현될 수 있다. AI는 수학과 기계를 통해 '인간의 관점을 완전히 벗어난' 독특한 계산 과정을 개발할 가능성을 제공할 수 있다.[24] 개리 카스파로프[Garry Kasparov]는 빅 블루[Big Blue]가 인간이 생각할 수 없는 게임 방식으로 인간을 이겼다고 생각했다. 이는 새로운 형태의 AI 기반 교육을 개발하고자 하는 사람들에게 가장 중요한 과제가 되어야 한다. 만약 기술 개발자들이 교육적으로 원대한 도전이나 야심차고 혁신적인 기회를 원한다면, 이미 수행 중인 작업을 '효율적으로' 복제하려고 하기보다는 완전히 새로운 방식으로 접근해야 할 것이다.

셋째, 교육에 AI를 적용하지 말아야 할 여러 가지 근본적인 측면들도 있다. 대면 상황에서 전문적인 인간 교사들이 가장 잘 수행할 수 있는 여러 교육적 측면들이 있기 때문에,

인간 교사들만이 할 수 있는 구체적, 창의적, 표현적, 관계적인 방식으로 교사들이 일할 수 있는 교육 환경을 조성해야한다. 이제는 교사들이 할 수 있고 기술이 할 수 없는 전문적인 일을 가능하게 하는 교육환경을 개발해야 한다. 이 교육환경은 지식의 인간적 구현의 가치, 전문가와 함께하는 특별한 경험, 사고 모델링, 그리고 유의미한 학습의 가치를 실현하는 공간과 시간을 의미한다. 이 공간은 공동적이며 협력적이어야 한다. 교육은 인간의 가르침이 '창의성, 상상력 및 의사소통이라는 인간 고유의 특성을 활용'하는 고유한 권한을 가진 방식으로 새롭게 구현될 수 있다.[25]

간단히 말해서, 위의 제안들은 교육용 AI의 향후 구현에 대해 논의할 가치가 있는 많은 제안들을 내포한다. 즉, 교육용 AI의 잠정저인 '네 가지 원칙'이라고 할 수 있다.

① AI는 교육이 적응하고 따라잡고 재구성되어야 하는 필수 요소가 아니다. 대신, AI는 교육계에 일련의 선택과 결정을 제시한다. 이러한 선택과 결정이 가능한 한 많은 사람들이 참여하는 것이 중요하다.

② AI 기술을 통해 적절하게 계산, 예측 또는 모델링할 수 없는 양질의 교육에는 중요한 면이 많다. 이러한 특성만으로도 교육 인력에 대한 지속적인 투자가 필요하

며, 잘 훈련된 전문성을 갖춘 인간 교사를 고용하는 원칙에 대한 지원이 필요하다.

③ 교육이 AI 기술을 완전히 거부하는 것은 효과적이지 않다. 이러한 발전에는 많은 가치가 있다. 그러나, 교사들이 그들 나름의 방식대로 기계와 협력하는 것이 중요하다. 결과적으로 교육의 질과 본질을 향상, 확대 및 개선해야 한다.

④ AI와 교육에 대해 관심을 갖고 있는 대중들이나 관련 정책 및 전문가 논의는 AI가 인간 교사처럼 일하게 하는 것에 대한 우려에서 벗어날 필요가 있다. 대신, 보다 나은 교육을 위해 새롭게 상상하고 계획하며 창조할 수 있는 비인간적 영역과 형태의 AI 기반 기술에 관한 질문을 제기하는 것이 바람직하다.

위 원칙들은 대부분 지금까지의 경우보다 훨씬 더 복잡한 방식으로 교육용 AI를 논의하고 토론할 필요가 있음을 지적한다. 이제 본격적으로 이뤄져야 할 다양하고 복잡한 대화가 있다. 예를 들어, 교육자들은 인간 전문적 교사의 가치에 대해 대중의 이해를 제고하기 위해 더 적극적으로 알리고 노력해야 한다. 동시에, 교사들은 학교와 대학에서 구현되는 기술에 내재된 더 큰 문제들에 대해 더 잘 알고 있어야 한다. 이것은 AI 나우연구소Now Institute◆와 미국의 데이터 & 사회 연구소Data & Society Institute■등 사회 전반에서의 AI의 부상을 비판적으로 다루기 위해 학제 간 연구 센터, 싱크 탱크think-tanks● 및 로비 그룹lobby group에서 교육 담당자를 설립함으로써 활성화될 수 있다. 동시에 이러한 논의는 장기적이고 지역적이어야 한다는 것도 또한 중요하다. 초등교육과 관련된 내용이 반드시 고등교육에 적용되는 것은 아니다. 2장에서 논의한 내용으로 돌아가서, 실리콘 밸리와 관련된 것은 삿포로나 상하이에서 중요하게 여겨지는 것과 다를 수 있다. 교육에 종사하는 모든 사람들은 이러한 문제들에 비판적으로 관여하고 반박할 수 있는 방법에 대해 보다 더 기민해질 필요가 있다.

이와 함께 기술자와 개발자는 교육 및 학습에 대한 개인적 경험을 넘어 기술의 윤리, 도덕, 정치적으로 함축적 의미를 신중하게 교육에 적용해야 한다. 이는 특히 초·중등 교육에 AI 기술을 적용하는 것과 관련이 있다. '나는 단지 엔지니

◆ 인공지능의 사회적 의미를 연구하는 연구소. 2017년 오바마 대통령이 주최한 심포지엄을 통해 케이트 크로포드와 메레디스 휘태커에 의해 설립되었다.
■ 2014년부터 연구원, 정책 입안자, 기술자, 언론인, 기업가, 예술가 및 변호사를 소집해서 사회에서의 기술의 힘과 목적에 대해서 연구하고 도전하는 비영리 연구 조직이다.(출처: Data&Society Institute 홈페이지)
● 사회정책, 정치전략, 경제, 군사, 기술, 문화 등과 같은 주제들에 대해 연구하거나 이에 대한 견해를 표명하는 기관이다.

어일 뿐'이라는 변명으로는 부족하다.[26] 케이트 크로퍼드[Kate Crawford]의 말을 빌리자면, 교육 및 기술 분야에서 일하는 개발자가 기술에 대해서는 다 알고 교육에 대해서는 전혀 모른다면, 해당 업무를 수행할 자격이 없는 것으로 여겨질 수 있다.[27]

마지막으로, 교육에서의 제품 구현을 둘러싸고 마치 그들이 다 아는 것처럼 보이는 IT 산업과 '빅테크'의 이해관계를 위해서는 자만심과 오만을 많이 내려놓을 필요가 있다. 교육은 많은 전문가들이 수십 년 동안 '고치기' 위해 노력해온 사회의 한 분야이다. 이 분야에 상대적으로 새롭게 발을 디딘 사람으로서 AI 개발자와 기술자는 이전의 노력과 관련된 사람들의 이야기를 듣고 배울 수 있다. 동시에, 교육계는 논의를 시작하고 상호 관심사 및 협력 영역을 탐색하기 위해 기술자 및 산업계와 더 많은 대화를 나눌 필요가 있다. 무엇보다도, 교육용 AI의 미래에 대한 현실적이면서도 광범위한 대화를 시도해야 한다. 재커리 립턴[Zachary Lipton]는 "AI에서 진정한 진보를 이루려면 냉정하고 정보에 입각한 공개 담론이 필요하다. 지금 당장은 담론이 너무 흐트러져 무엇이 중요하고 그렇지 않은지 구별하는 것이 불가능하다"라고 말했다.[28]

결론

이 책은 20세기 철학자 존 듀이[John Dewey]의 인용문으로 시작했다. 존 듀이는 교육자들에게 사랑받았지만, 아마도 기술자들에게는 덜 친숙했을 것이다. 듀이는 "우리가 어제의 학생들에게 가르쳤던 것처럼 오늘의 학생들을 가르치려고 하지 말라"고 경고했다. 이 충고는 듀이가 제안한 지 80년이 지난 후에도 계속 반향을 일으키고 있다. 2020년대가 도래함에 따라, 대부분의 사람들은 교육을 개선하고 발전시킬 수 있는 방법을 계속 탐구할 필요성에 동의할 것이다. 따라서, 교사와 교수의 본질을 재고하고 재평가할 가치가 있다. 인간 교사들은 결코 완벽하지 않지만, 항상 더 잘 할 수 있는 여지가 있다.

또한, 이 다섯 개의 장은 건전한 교육적·사회적 정당성 없이 신기술과 혁신을 전개하는 것에 대해 경고하는 다양한 다른 관점(듀이의 관점 일부 포함)도 제기하였다. 교육은 본질적으로 인간의 과정으로 남아 있어야 한다는 강력한 주장이 제기될 수 있다. 수업과 학습이 과거에 얽매여서는 안 되지만, 환영받기보다는 오히려 경계해야 할 로봇공학기술과 AI가 많이 존재한다.

그러므로 이 책을 균형 잡힌 어조로 끝내는 것이 현명해 보인다. 물론, 현재 개발하고 있는 강력한 자동화 기술에 비추어 교육이 전혀 바뀌지 않을 것이라고 가정하는 것은 어리석은 일이다. 그러나 이러한 기술들이 인간 주도의 교육을 대체할 준비가 되어 있다고 상상하는 것도 마찬가지로 어리석은 일이다. 오늘날의 교육자들은 안심할 수 없지만, 변화 그 자체를 위해서 변화를 받아들여서도 안 된다. 그렇다면 이 책의 가장 적절한 결론은 '로봇은 교사를 대체할 것인가?'라는 질문에 대한 확답을 거부하는 것이다. 그보다 이 책의 제목은 하나의 도발과 자극으로 남겨두는 것이 바람직하다. 자동화된 교육이라는 주제는 논의할 지점들이 산재해 있기 때문이다.

따라서 '예/아니오'라는 깔끔한 대답 대신 후속의 대화를 고수하는 것으로 이 글을 맺는다. 교사, 기술자 및 교육의 미래에 이해관계가 있는 사람 모두가 모여 지능화된 기계 시대에 '교사'가 어떠해야 하는지를 함께 다방면으로 재구상해야 한다.

이것은 AI 기술이 인간보다 '더 나은지' 아닌지를 논쟁할 문제가 아니다. 실제로, 기술에 대해서 인간을 위해 일하거나 인간에 반하여 일한다는 관점에서 이야기하지 않는 것이 좋다. 기술은 단순히 인간과 함께 일하는 것이 아니다. 그 대신 기술은 교육이 무엇인지, 그리고 미래 사회를 위해 우리가 원하는 교육이 무엇인지 결정하는 정치와 얽혀 있다.

대담하고 결단적이며, 도전적으로 등장한 기술과 관련해서 이 논점과 마무리는 다소 불만족스럽게 보일 수도 있다. 하지만, 앞의 다섯 개의 장에서 제기한 문제와 논쟁이 취해 온 방향을 파악하는 데에 어느 정도 도움이 되었기를 바란다. 이 책은 어떤 확답도 제시하지 않았지만, 시작했던 것보다 날카롭고 더 많은 정보에 입각한 질문들로 발전시켰다. 우리가 이야기하고 있는 것(그리고 이러한 대화를 계속해야 하는 이유)을 명확히하는 것은 의미 있고 지속 가능한 변화를 달성하기 위해 중요한 첫 번째 단계이다. 존 듀이의 또 다른 인용문으로 결론을 내리자면, "문제를 잘 정의하였다면 반쯤은 해결한 것"이라고 말할 수 있다.

토론 주제

1. 본 장에서 제시한 미래교육의 시나리오 가운데 하나를 선택하여 그 이유와 함께 토론해 봅시다.

2. 기술을 통해 결코 완전히 복제할 수 없는 인간 교사의 여섯 가지 모습 중에서 가장 중요하다고 생각하는 점은 무엇인지 토론해 봅시다.

서문

1. Judy Wajcman, 'Automation: is it really different this time?', The British Journal of Sociology 68:1 (2017): 126.

1장 로봇공학과 교육용 인공지능

1 Adrian Mackenzie, Machine Learners, Cambridge MA: MIT Press, 2017.

2 Lee Gomes, 'Neuromorphic chips are distined for deep learning

3 Andrew Ng, 'Why deep learning is a mandate for humans, not just machines', Wired, May 2015,www.wired.com/brandlab/2015/05/andrew-ng-deep-learning-mandate-humans-not-just-machines.

4 Sara Wachter-Boettcher, Technically Wrong, New York : W. W. Norton & Company, 2017.

5 Virginia Eubanks, Automating Inequality, New York : St. Martin's Press, 2018.

6 Larry Smar, cited in M. Bowden, 'The measured man', The Atlantic, May/ June 2012, www.theatlantic.com/magazine/archive/ 2012/ 07/ the-measured-ma / 309018.

7 Garry Kasparov, 'Robots will uplift us', The AuStralian, 24 Mav 2018, www. theaustralian.com.au. 133.

8 AnnWard, SocratesandDionysus, Newcastle-upon-Tyne : Cambride Scholars, 2014.

9 Terry Sejnowski, 'Artificial intelligence will make you smarter Edge, 2015, www. edge.org/response-detail/26087.

10 David Cohen, Teaching and its Predicaments, Cambridge MA: Harvard

University Press, 2011.

11 Market Report, AI in Education, 2018,
www.marketsandmarkets. com/Market-Reports/ai-in-education-
market-200371366.html.

12 Sejnowski, 'Artificial intelligence will make you smarter'.

13 Beverly Woolf, Chad Lane, Vinay Chaudhri and Janet Kolodner, 'AI grand
challenges for education', AI Magazine 34:4 (2013):66.

14 Anthony Seldon, cited in Henry Bodkin, "Inspirational" robots to begin replacing
teachers within 10 years', Daily Telegraph, 11 September 2017, www.telegraph.
co.uk/science/2017/09/11/ inspirational-robots-begin-replacing-teachers-within-
10-years.

15 Rose Luckin, Wayne Holmes, Mark Griffiths and Laurie Forcier. Intelligence
Unleashed, London: Pearson, 2016.

16 Donald Clark, 'Could AI replace teachers? 10 ways it could ?, Plan B blog,
4 July 2016, http://donaldclarkplanb.blogspot. com/2016/07/could-ai-replace-
teachers-10-ways-it_4.html.

17 Kristin Houser, 'The solution to our education crisis might be AI ', Funurim, 11
December 2017, https://futurism.com/ai-teachers- education-crisis.

18 Evgeny Morozov, To Save Everything, Click Here, New York: Public Affairs, 2013.

19 Bryan Caplan, The Case Against Education, Princeton: Princeton University
Press, 2018.

20 Richard Susskind and Daniel Susskind, The Future of the Professions, Oxford :
Oxford University Press, 2015.

21 Harry Collins, Artifictional Intelligence, Cambridge: Polity, 2018.

22 Wajcman, 'Automation: is it really different this time?', p. 119. 134.

2장 교실의 피지컬 로봇

1 Omar Mubin, Catherine Stevens, Suleman Shahid, Abdullah Al Mahmud and
Jian-Jie Dong, 'A review of the applicability of robots in education', Journal of
Technology in Education and Learning 1(2013),#209-0015,http://roila.org/wp-
content/uploads/2013/07/ 209-0015.pdf.

2 Jenay Beer, Arthur Fisk and Wendy Rogers, "Toward a framework for levels of robot autonomy in human-robot interaction', Journal of Human-Robot Interaction 3:2 (2014): 74-99.

3 Sofia Serholt, Wolmet Barendregt, Asimina Vasalou, Patrícia Alves-Oliveira, Aidan Jones, Sofia Petisca and Ana Paiva, "The case of classroom robots', AI & Society 32:4 (2017): 613.

4 Tsuyoshi Komatsubara, Masahiro Shiomi, Thomas Kaczmarek, Takayuki Kanda and Hiroshi Ishiguro, 'Estimating children's social status through their interaction activities in classrooms with a social robot', International Journal of Social Robotics, published online 27 March 2018.

5 Jeonghye Han, 'Emerging technologies: Robot assisted lan guage learning', Language Learning & Technology 16:3 (2012): 1-9.

6 Mubin et al., 'A review of the applicability of robots in education'.

7 Ibid.

8 Hashimoto Takuya, Naoki Kato and Hiroshi Kobayashi, 'Development of educational system with the android robot SAYA and evaluation', International Journal of Advanced Robotic Systems 8:3 (2011): 52.

9 Hiroshi Kobayashi, cited in John Crace, 'Who needs teachers when you could have bankers? Or better still, robots?', Guardian, 13 March 2009, www.theguardian.com/education/mortarboard/ 2009/mar/13/robot-teacher-tokyo.

10 Bosede Edwards and Adrian Cheok, 'Why not robot teachers: Artificial Intelligence for addressing teacher shortage', Applied Artificial Intelligence 32:4 (2018): 345-60.

11 Cynthia Breazeal, 'Toward sociable robots', Robotics and Autono mous Systems 42:3-4 (2003): 167-75.

12 Takayuki Kanda, Takayuki Hirano, Daniel Eaton and Hiroshi Ishiguro, 'Interactive robots as social partners and peer tutors for children', Human-Computer Interaction 19:1-2 (2004): 61.

13 Minoo Alemi, Ali Meghdari and Maryam Ghazisaedy, "The impact of social robotics on L2 learners' anxiety and attitude in English vocabulary acquisition', International Journal of Social Robotics 7:4 (2015): 523-35.

14 Fumihide Tanaka, Kyosuke Isshiki, Fumiki Takahashi, Manabu Uekusa, Rumiko Sei and Kaname Hayashi, 'Pepper learns together with children', Proceedings

of the 15th IEEE-RAS International Conference on Humanoid Robots, Seoul, Korea, November 2015, p. 271. See also Fumihide Tanaka, 'How not so smart robots can enhance education', TEDxTsukuba, www.youtube.com/watch?v= eBnqaFFvxRM.

15 Ester Ferrari, Ben Robins and Kerstein Dautenhahn, 'Therapeutic and educational objectives in robot assisted play for children with autism', in Robot and Human Interactive Communication, 2009 RO-MAN, IEEE, 2009, pp. 108-14.

16 Edwards and Cheok, 'Why not robot teachers', p. 349.

17 Leopoldina Fortunati, 'Robotization and the domestic sphere', New Media o Society 20:8 (2018): 2673-90; Serholt et al., "The case of classroom robots'.

18 Mubin et al., 'A review of the applicability of robots in education'.

19 Larry Cuban, Teachers and Machines, New York: Teachers College Press, 1986.

20 Amanda Sharkey, 'Should we welcome robot teachers?', Ethics and Information Technology 18:4 (2016): 283-97.

21 Ibid., p. 294.

22 Marcel Mauss, 'Techniques of the body', Economy and Society 2:1 (1973): 75.

23 Lawrence Hass, cited in Bill Green and Nick Hopwood, "The body in professional practice, learning and education', in Bill Green and Nick Hopwood (eds), The Body in Professional Practice, Learning and Education, Berlin: Springer, 2015, pp. 15-33.

24 Sofia Serholt, 'Breakdowns in children's interactions with a robotic tutor', Computers in Human Behavior 81 (2018): 250-64.

25 Christoph Bartneck, Dana Kulié, Elizabeth Croft and Susana Zoghbi, 'Measurement instruments for the anthropomorphism, animacy, likeability, perceived intelligence, and perceived safety of robots', International Journal of Social Robotics 1:1 (2009): 71-81.

26 Anna-Lisa Vollmer, Robin Read, Dries Trippas and Tony Belpaeme, 'Children conform, adults resist', Science Robotics 3:21 (2018): eaat7111.

27 Sherry Turkle, Alone Together, New York: Basic Books, 2011.

28 Stef Aupers, "The revenge of the machines', Asian Journal of Social Science 30:2 (2002): 199-220.

1 oah Schroeder, Olusola Adesope and Rachel Gilbert, 'How effective are pedagogical agents for learning?', Journal of Educational Computing Research 49:1 (2013): 1.

2 William Swartout, Ron Artstein, Eric Forbell, Susan Foutz, Chad Lane, Belinda Lange, Jacquelyn Ford Morie, Albert Rizzo and David Traum, 'Virtual humans for learning', AI Magazine 34:4 (2013): 13.

3 Patrick Suppes, 'Observations about the application of artificial intelligence research to education', in D. Walker and R. Hess (eds), Instructional Software, Belmont CA: Wadsworth, 1984, p. 306.

4 Abigail Gertner and Kurt VanLehn, 'Andes: a coached problem solving environment for physics', in International Conference on Intelligent Tutoring Systems, Berlin: Springer, 2000, pp. 133-42.

5 Swartout et al., 'Virtual humans for learning', p. 13.

6 Geraldine Clarebout and Steffi Heidig, 'Pedagogical agents', in Encyclopedia of the Sciences of Learning, Berlin: Springer, 2012, p. 2569.

7 James Lester, Charles Callaway, Joël Grégoire, Gary Stelling, Stuart Towns and Luke Zettlemoyer, 'Animated pedagogical agents in knowledge-based learning environments', in Kenneth D. Forbus and Paul J. Feltovich (eds), Smart Machines in Education, Cambridge MA: MIT Press, 2001, pp. 269-98.

8 Mark Lepper, Michael Drake and Teresa O'Donnell-Johnson, 'Scaffolding techniques of expert human tutors', in K. Hogan and M. Pressley (eds), Scaffolding Student Learning, New York: Brookline, 1997, p. 108.

9 Art Graesser, Mark Conley and Andrew Olney, 'Intelligent tutoring systems', in S. Graham and K. Harris (eds), APA Handbook of Educational Psychology, Washington DC: American Psychological Association, 2009, p. 182.

10 Stan Franklin and Art Graesser, 'Is it an agent, or just a program?", in International Workshop on Agent Theories, Architectures, and Languages, Berlin: Springer, 1996, pp. 21-35.

11 Clarebout and Heidig, 'Pedagogical agents', p. 2569.

12 Lewis Johnson and Jeff Rickel, 'Steve: an animated pedagogical agent for procedural training in virtual environments', ACM SIGART Bulletin 8:1-4 (1997):

16-21.

13 Swartout et al., 'Virtual humans for learning', p. 14.

14 Yangee Kim and Amy Baylor, 'Research-based design of pedagogical agent roles', International Journal of Artificial Intelligence in Education 26:1 (2016): 166.

15 See www.alelo.com/enskill.

16 Sidney D'Mello, Tanner Jackson, Scotty Craig, Brent Morgan, Patrick Chipman, Holly White and Natalie Person, 'AutoTutor detects and responds to learners' affective and cognitive states', in Workshop on Emotional and Cognitive Issues at the International Conference on Intelligent Tutoring Systems, Rotterdam: Springer, 2008, PP · 306-8.

17 Sidney D'Mello, Tanner Jackson, Scotty Craig, Brent Morgan, Patrick Chipman, Holly White and Natalie Person, 'AutoTutor detects and responds to learners' affective and cognitive states', in Workshop on Emotional and Cognitive Issues at the International Conference on Intelligent Tutoring Systems, Rotterdam: Springer, 2008, PP · 306-8.

18 David Traum, Comments to American Educational Research Association annual meeting, New York, April 2018.

19 Lewis Johnson and James Lester, 'Face-to-face interaction with pedagogical agents, twenty years later', International Journal of Artificial Intelligence in Education 26:1 (2016): 25-36.

20 Kim and Baylor, 'Research-based design of pedagogical agent roles'.

21 Ning Wang, Ari Shapiro, Andrew Feng, Cindy Zhuang, Chirag Merchant, David Schwartz and Stephen Goldberg, 'Learning by explaining to a digital doppelganger', in International Conference on Intelligent Tutoring Systems, Berlin: Springer, 2018, pp. 256-64.

22 Beverly Woolf et al., 'AI grand challenges for education'.

23 Johnson and Lester, 'Face-to-face interaction with pedagogical agents', p. 34.

24 Swartout et al., 'Virtual humans for learning', p. 13.

25 George Veletsianos and Charles Miller, 'Conversing with pedagogical agents', British Journal of Educational Technology 39:6 (2008): 969-86.

26 William Lester and Art Graesser, Comments to American Educational Research Association annual meeting, New York, April 2018.

27 Art Graesser, Comments to American Educational Research Association annual

meeting, New York, April 2018.

28 Schroeder et al., 'How effective are pedagogical agents for learning?', p. 1.

29 Johnson and Lester, 'Face-to-face interaction with pedagogical.

30 Ibid., p. 31.

31 Art Graesser, 'Instruction based on tutoring', in Richard Mayer and Patricia Alexander (eds), Handbook of Research on Learning and Instruction, London: Routledge, 2011, pp. 410-11.

32 Vito Campanelli, Francesco Bardo and Nicole Heber, Web Aesthetics, Rotterdam: NAi Publishers, 2010, p. 92.

33 Ibid., p. 94.

34 Audrey Watters, 'Education technology and the new behavior ism', Hack Education blog, 23 December 2017, http://hackeduca tion.com/2017/12/23/top-ed-tech- trends-social –emotional- learning.

35 Rupert Alcock, 'What the mainstreaming of behavioural nudges reveals about neoliberal government', The Conversation, 17 October 2017, https://theconversation.com/what-the-mainstreaming-of-behavioural-nudges-reveals-about-neoliberal-government-85580.

36 Nick Seaver, 'Captivating algorithms', Journal of Material Culture (forthcoming 2019),

4장 드러나지 않은 이면의 기술들

1 B. F. Skinner, The Technology of Teaching, New York: Appleton Century-Crofts, 1968, p. 27.

2 Bill Ferster, Teaching Machines, Baltimore: Johns Hopkins University Press, 2014.

3 Rob Kitchin, The Data Revolution, London: Sage, 2014.

4 Anna Wilson, Cate Watson, Terrie Lynn Thompson, Valerie Drew and Sarah Doyle, 'Learning analytics: challenges and limitations', Teaching in Higher Education 22:8 (2017): 991-1000.

5 Rebecca Ferguson, Learning analytics', International Journal of Technology Enhanced Learning 4:5-6 (2012): 304-17.

6 Roberto Martinez-Maldonado, Vanessa Echeverria, Olga Santos, Augusto Dias

Pereira Dos Santos and Kalina Yacef, 'Practical Learning Analytics', Proceedings of the 8th International Conference on Learning Analytics and Knowledge, Rotterdam: Springer, 2018, PP. 375-9.

7 Lizzie Palmer, 'Eton for All', New Statesman, October 2, 2017, www.newstatesman.com/politics/education/2017/10/eton-all-will-robot-teachers-mean-everyone-gets- elite-education.

8 Tovia Smith, 'More Weeks of Computer Selecting "Robo-Grade" Student Essays, NPR Weekend Edition, 30 June 2018. www.npr.org/2018/06/30/624373367/more-states-opting-to-robo-grade student-essays-by-computer.

9 Tovia Smith, 'More Weeks of Computer Selecting "Robo-Grade" Student Essays, NPR Weekend Edition, 30 June 2018, www.npr.org/2018/06/30/624373367/ more-states-opting-to-robo-grade student-essays-by-computer.

10 BF Skinner, 'Teaching machines', Science 128:3330 (1958): 976.

11 Abelardo Pardo, 'Feedback is good, but scaling it...', BERAblog, 13 July 2018, www.bera. ac.uk/blog/feedback-is-good-but-scaling-it.

12 Anthony Seldon, quoted from Palmer, 'Eton for all'.

13 Lee Rainie and Barry Wellman, Networked, Cambridge MA: MIT Press, 2011.

14 Harry Braverman, Labor and Monopoly Capital, New York: Monthly Review Press, 1974.

15 Audrey Watters, 'Weaponizing Education Data', Hack Education Blog, 11 December 2017, http://hackeducation.com/2017/12/11/ top-ed-tech-trends-weaponized-data.

5장 인공지능 시대를 위한 교육 재설계

1 Paul Virilio, Politics of the Very Worst, New York: Semiotext(e), 1999, p. 89.

2 Nick Couldry, https://twitter.com/couldrynick/status/984781873523118081.

3 Alexander Galloway, "The golden age of analog (it's now)', Presentation to Penn School of Social Policy and Practice,2October 2017, www.youtube.com/watch?v=bpArlaBdEf8.

4 Murray Goulden, https://twitter.com/murraygoulden/status/1038338924270297094.

5 Adam Greenfield, Radical Technologies, London: Verso, 2017, p. 249.

6 Jonas Ivarsson, 'Algorithmic accountability', Lärande Learning & IT blog, 2 May 2017, http://lit.blogg.gu.se/2017/05/02/algorith mic-accountability.

7 Hubert L. Dreyfus, Alchemy and Artificial Intelligence, Santa Monica CA: RANDCorporation, 1965, www.rand.org/content/dam/rand/pubs/papers/2006/P3244.pdf.

8 J. Kay, 'Scrutable adaptation', in International Conference on Adaptive Hypermedia and Adaptive Web-Based Systems, Berlin: Springer, 2006, pp. 11-19.

9 Hilary Mason, https://twitter.com/hmason/status/1014180606496968704.

10 Edsger Dijkstra, cited in Robert Boyer, 'In memoriam: Edsger W. Dijkstra', Communications of the ACM 45:10 (2002): 21-2.

11 Cohen, Teaching and its Predicaments, p. 177.

12 Beth Bernstein-Yamashiro and Gil Noam, 'Teacher:student relationships', New Directions for Youth Development, Spring 2013, p. 4.

13 Gert Biesta, 'The rediscovery of teaching', Educational Philosophy and Theory 48:4 (2016): 374-92.

14 Carol Ann Tomlinson and Amy Germundson, 'Teaching as jazz', Educating the Whole Child 64:8 (2007): 27-31.

15 Greenfield, Radical Technologies, p. 243.

16 Ian Tucker, 'Interview with Evgeny Morozov: We are abandoning all the checks and balances', Guardian, 9 March 2013, www.the guardian.com/technology/2013/mar/09/evgeny-morozov-technology-solutionism-interview.

17 James Manyika, A Future that Works, New York: McKinsey & Company, 2017. Manyika talks of 'routines', Edwards and Cheok ('Why not robot teachers') talk of duties, while Seldon (cited in Bodkin, "Inspirational" robots') evokes 'heavy lifting'.

18 Luckin et al., Intelligence Unleashed, p. 11.

19 Sarah Bergbreiter cited in SingularityU, https://twitter.com/ SingularityU_AU/status/965728520440696832.

20 Greenfield, Radical Technologies, p. 195.

21 Wajcman, 'Automation: is it really different this time?', p. 124.

22 Vincent Mosco, Becoming Digital, Bingley: Emerald, 2017, p. 6.

23 Luciano Floridi, 'Should we be afraid of AI?', Aeon, 9 May 2016, https:// aeon.co/essays/true-ai-is-both-logically-possible-and-utterly-implausible.

24 Murray Shanahan, The Technological Singularity, Cambridge MA: MIT Press, 2015, p. xxii.

25 Wajcman, 'Automation: is it really different this time?', p. 124.

26 Ramesh Srinivasan, 'We, the users', Presentation to Alan Turing Institute, June 2018, www.youtube.com/watch?v=Of8NAP-1X0c.

27 See https://twitter.com/katecrawford.

28 Zachary Lipton, cited in Oscar Schwartz, "The discourse is unhinged": how the media gets AI alarmingly wrong', Guardian, 25 July 2018, www.theguardian.com/technology/2018/jul/25/ai-artificial-intelligence-social-media-bots-wrong.

이 책은 낯설고 거칠게 다가온 새로운 교육문명이 더 이상 막연하지도 단순하지도 않고, 몰고 올 기회 혹은 위기 또한 생각보다 지척에 있음을 퍼뜩 일깨워준다. '에듀테크' 담론이 자본과 권력의 정치적 메커니즘 속에서 정의되고 재구성된다는 통찰은 효용중심의 미래교육 담론이 갖는 '참을 수 없는 가벼움을' 가뿐히 뛰어넘는다. 테크놀로지에 대한 편견 없는 해박함, 철학과 인문의 세계를 자유롭게 넘나드는 저자의 놀라운 지적 항해는 물론, 이를 온전하게 전달하는 역자들의 진심 또한 '딱딱한 책'이 갖는 선입견을 깨고 몰입의 즐거움을 선사한다.

_안순억(경기시흥금등초등학교 교장, 전 교육부 국장)

저자는 AI를 활용한 교육에 대해 과두하게 낙관하거나 배격하지 않는다. 하지만 인간의 주체성이라든지 놓치지 말아야 할 사람 냄새 나는 교육의 본향이 여전히 존재하고 있음을 설득력있게 제시한다. 쉽게 읽히는 번역, AI 기술 진보의 동향, 숙고해야 할 교육의 쟁점과 주제, 잘 요약된 결론, 풍부한 토론 주제가 이 책에서 돋보인다.

_김성천(한국교원대 교육정책전문대학원 교수, 교육정책디자인연구소장)

테크놀로지가 교육과 만나는 현장의 기대는 인공지능과 로봇에게 더 바라고, 인간에게 덜 바라며 균형을 찾아가는 가능성들에 관한 철학적인 문제이다. 이 책은 디지털화된 미래교육의 가능성들이 학생들 학습을 구조화하고, 머리와 마음과 영혼의 발달을 돕는지 묻고 있어, 향후 논쟁에서 체인지 메이커(change maker) 역할이 기대된다.

_최영태(서울중평초 교감)

인공지능의 시대가 오면 교사는 정말 사라질까? 반대로 더욱 필요한 존재가 되지는 않을까? 먼 미래를 예측하는 것은 어려운 일이지만 그렇다고 기술의 발전을 그저 바라보고만 있을 수는 없다. 인공지능의 시대를 왜 준비해야 하는지, 어떻게 대처해야 하는지 고민하고 행동하는 데 이 책이 나침반이 되어줄 것이다.

_김재동(초등교사커뮤니티 인디스쿨 기술연구팀장, 전 부대표)

로봇은 교사를 대체할 것인가?

초판 1 쇄 발행 2022년 9월 16일

초판 2 쇄 발행 2025년 1월 5일

지은이 | 닐 셀윈

옮긴이 | 정바울, 박다빈, 박민혜, 정소영

발행인 | 김병주

COO | 이기택   **CMO |** 임종훈

뉴비즈팀 | 백헌탁, 이문주, 백설

행복한연수원 | 이종균, 이보름, 반성현 **에듀니티교육연**

구소 | 조지연   **경영지원 |** 박란희

편집 | 이하영, 조정빈

펴낸 곳 (주)에듀니티

도서문의 070-4342-6114

일원화 구입처 031-407-6368 (주)태양서적

등록 2009년 1월 6일 제300-2011-51호

주소 서울특별시 종로구 인사동5길 29 태화빌딩 9층출

판 **이메일** book@eduniety.net

홈페이지 www.eduniety.net

페이스북 www.facebook.com/eduniety**인스타그램**

www.instagram.com/eduniety/

www.instagram.com/

eduniety_books/**포스트** post.naver.com/eduniety

문의하기

투고안내

ISBN 979-11-6425-128-5 (03370)

값은 뒤표지에 있습니다.